어린이 백범 일지

미네르바의 올빼미 28

어린이 백범 일지

초판 1쇄 : 2000년 2월 20일
초판 18쇄 : 2016년 7월 10일

엮은이 : 장세현
그린이 : 전기윤
펴낸이 : 유동환
펴낸곳 : 도서출판 푸른나무
주　소 : 서울시 마포구 만리재로 14 르네상스타워 1602호
　　　　전화 : (02)322-8331　팩스 : (02)322-8332
전자우편 : prnamu@naver.com
홈페이지 : www.purunnamu.com

등　록 : 제10-188호
ⓒ 2000 푸른나무
ISBN 978-89-7414-128-8 74990

* 책값은 표지에 있습니다.

어린이 백범 일지

장세현 엮음 | 전기윤 그림

푸른나무

추천하는 글

너희가 나라의 희망이다

  『백범 일지』는 20세기 한국의 가장 위대한 인물로 손꼽히는 김구 선생님의 자서전입니다. 언제 일본인들에게 죽음을 당할지 모르는 상황에 있던 김구 선생님은 두 아들에게 유서를 쓰는 마음으로 『백범 일지』를 썼다고 합니다.
  이번에 푸른나무에서 펴내는 『어린이 백범 일지』는 김구 선생님이 손수 쓰신 원래의 이야기를 어린이들이 쉽고 재미있게 읽을 수 있도록 고친 것입니다. 이 책에는 김구 선생님이 황해도 벽촌에서 '상놈'으로 태어나 산골의 서당에 다니던 이야기며 일본이 우리의 왕비를 살해한 직후 분한 마음에 일본놈을 때려죽인 이야기, 배움만이 독립의 길이라고 생각하여 학교를 짓고 사람들을 가르쳤던 이야기, 일본인에게 끌려가 당한 모진 고문, 상해에 건너가 독립 운동을 했던 것, 임시 정부의 주석으로 해방을 맞기까지의 이야기가 실려 있습니다.

 그러나 이 책은 단순히 개인의 생애를 서술해 놓은 것에 머무르지 않습니다. 때로는 슬프고 때로는 박진감 넘치는 김구 선생님의 생애는 한 편의 감동적인 인간 드라마입니다. 1876년 개항과 함께 태어나 동학의 접주로, 의병으로, 애국 계몽 운동가로, 임시 정부의 주석으로 활동했고, 해방된 후에는 두 동강 난 조국의 통일을 위해 애썼던 김구 선생님의 일대기는 고스란히 한국 근대의 역사책입니다.

 이 책을 읽고 21세기 통일의 주역이 될 우리 어린이들이 우리의 민족과 역사에 대해 곰곰이 생각해 보는 시간을 가졌으면 좋겠습니다.

 많은 어린이들이 이 책을 읽고 수많은 어린 백범들로 탄생하기를 바랍니다.

김창원 (인천교대 국어교육과 교수)

차례

개구쟁이 소년 시절 -9

맨손으로 일본놈을 때려눕히고 -38

기나긴 방랑의 길 -75

민족을 위해 이 한 몸 바치리라 -87

상해 임시 정부를 세우다 -129

광복군의 비밀 침투 작전 -150

백범 연보 -163

개구쟁이 소년 시절

나는 어려서 무척 개구쟁이였다. 종종 엉뚱한 일을 저질러서 아버지께 꾸중을 듣곤 했다.

어느 날 혼자서 집에 있을 때였다.

"엿 사시오, 엿!"

엿장수가 고래고래 소리를 지르며 문 밖을 지나가고 있었다. 나는 벌떡 일어나 문구멍을 통해 밖을 내다보았다. 엿장수가 아이들의 고추를 잘라 간다는 말을 어른들께 들은 일이 있어서 감히 문을 열 엄두를 못 냈던 것이다.

"부러진 수저나 못 쓰는 그릇으로 엿들 사시오! 둘이 먹다 하나가 죽어도 모르게 맛있는 호박엿이오, 엿!"

나는 입 안 가득 군침이 돌았다. 그 때 마침 방 한쪽 구석에 놓여 있던 아버지의 숟가락이 눈에 띄었다.

'옳지, 마침 잘됐구나!'

나는 앞뒤 생각도 없이 그 숟가락을 부러뜨린 뒤에 엿장수를 불렀다. 헌 숟가락이어야 엿을 주는 줄 알았기 때문이다.
 엿장수는 내가 내미는 반 동강 난 숟가락을 받고 엿을 한 주먹 뭉쳐서 문구멍으로 들이밀었다. 당시는 군것질거리가 없던 때라 엿은 어른 아이 할 것 없이 누구나 좋아하는 먹거리였다. 엿은 입에서 살살 녹았다. 혼자 몰래 먹어서 그런지 더욱 감칠맛이 돌았다. 어찌나 맛있던지 누가 들어오는지도 모를 정도로 정신 없이 엿을 먹고 있을 즈음, 갑자기 문이 벌컥 열렸다. 아버지께서 돌아오신 것이다.

"으악!"

나는 너무 놀라서 하마터면 뒤로 넘어질 뻔하였다.

"어디서 난 엿인지 어서 바른대로 말하지 못해!"

나는 꿀먹은 벙어리처럼 아버지가 묻는 말에 대답도 못 하고 고개만 떨구었다. 아버지께 매를 맞을까 두려웠던 것이다.

내가 우물쭈물 말을 못 하자, 아버지는 더욱 화난 얼굴로 나를 다그쳤다. 마침내 나는 용기를 내어 매를 맞을 각오로 모든 걸 사실대로 말씀드렸다. 아버지는 내 말을 다 듣고 나더니 조금 화가 누그러진 표정이었다.

"녀석이……. 그러면 그렇다고 진작 얘기할 것이지. 흠…… 네가 용기 있게 사실대로 솔직히 말했으니 용서해 주마……. 하지만 이담에 또 그런 일이 있을 때는 혼이 날 줄 알아라!"

아버지는 이렇게 좋은 말로 타이르시고 때리지는 않으셨다.

그 무렵, 또 한 번은 이런 일도 있었다.

하루는 우연히 아버지께서 엽전 스무 냥을 방 아랫목 이불 속에 넣어 두시는 것을 보게 되었다. 나는 아버지께서 나가시고 나 혼자만 방에 남게 되었을 때, 이불 속에 손을 넣어 엽전 꾸러미를 만지작거렸다.

'심심하던 차에 잘됐다……. 이 돈으로 떡이나 사 먹을까?'

이런 생각이 들자 잠시도 그냥 있을 수

없었다. 곧장 일어나 엽전 꾸러미를 허리에 꿰차고 동구 밖으로 나섰다. 얼마쯤 길을 가다가 멀리 사는 친척 어른을 만났다. 내가 많은 돈을 허리에 두르고 가는 것을 보자 그 어른은 놀란 듯 눈이 휘둥그레졌다. 그 어른께서 내 앞을 막아서며 물으셨다.

"아니, 너 그 큰 돈을 어디다 쓸 거냐?"

하지만 나는 그런 것에 아랑곳없이 천연덕스럽게 대답했다.

"떡 사 먹으러 가요."

그 어른은 내 대답에 기가 막힌 듯 고개를 내저으셨다. 그러고는 내 몸에 감은 돈을 거의 빼앗다시피 하며 말씀하셨다.

"인석아, 네 아버지가 알면 불호령이 떨어질 거다……. 엉뚱한 짓 말고 어서 집으로 돌아가거라."

그 어른은 내게서 빼앗은 돈을 아버지를 찾아 돌려주었다. 나는 혼자 집에 돌아오면서 먹고 싶은 떡을 못 사 먹은 게 못내 아쉬웠다.

"쳇, 하필 그 때 친척 어른을 만날 게 뭐람!"

혼자 이렇게 투덜거리며 집에 돌아와 있으려니, 뒤따라 아버지께서 집으로 들이닥치셨다. 아버지께서는 아무 말씀도 않으시고 다짜고짜 나를 빨랫줄로 꽁꽁 묶어서 우리 집 기둥에 매다셨다. 그러고는 회초리로 내 엉덩이와 종아리를 무지막지하게 때리셨다. 나는 아파서 죽을 지경이었지만 어쩔 도리가 없었다.

그런데 그 때 마침 이웃에 사시는 친척 중에 장련 할아버지란 분이 집으로 들어오셨다. 이분은 우연히 우리 집 앞을 지나시다가 내가 악을 쓰며 우는 소리를 듣고 깜짝 놀라서 달려오신 것이었다. 이 할아버지는 나를 무척이나 귀여워하시던 분이셨다. 내게는 천만다행한 일이었다.

"아니, 우리 귀염둥이를 누가 울리는 게야?"

할아버지는 기둥에 묶여 있는 나를 보고 눈이 휘둥그레지셨다. 그래서 내 잘잘못을 알아보지도 않고 무조건 아버지를 나무라셨다.

"이게 무슨 짓이야! 이 어린것에게 손댈 데가 어디 있다고 이러는 게야!"

할아버지는 기둥에 묶인 나를 풀어 놓으며 노발대발 고함을 질렀다. 아버지는 억울하다는 듯 내 잘못에 대해 이야기했다.

"아, 글쎄 이 녀석이 떡 사 먹으러 간다고 돈 스무 냥을……."

"시끄럽다! 어린애가 조금 잘못을 했기로서니 그렇게 무지막지하게 때리느냐?"

할아버지는 아버지의 말이 채 끝나기도 전에 또다시 버럭 소리를 질렀다. 할아버지가 어찌나 호통을 치던지 아버지는 더 이상 대꾸할 엄두를 못 냈다.

어머니는 간혹 내가 태어날 때의 이야기를 해 주셨다. 나는 1876년 황해도 해주에서 태어났다. 푸른 밤송이 속에서 붉은 밤 한 개를 얻어 감추어 둔 것이 태몽이라며 어머니는 늘 이렇게 말씀하셨다.

"내, 너를 낳으면서 죽다가 살아난 몸이니라!"

어머니는 17살에 날 낳으셨는데 그것은 보기 힘든 난산이었다. 진통이 시작된 지 6, 7일이 되어도 나를 낳지 못하자 어머니의 생명마저 위험해졌다. 아기를 낳는 데 좋다는 온갖 약을 다 구해서 먹었지만 효험이 없었다. 나중에는 당시의 미신에 따라 동네 어른들이 아버지에게 소 등에 씌우는 안장을 머리에 이고 지붕에 올라가 소울음 소리를 내도록 시켰는데, 그런 후에야 비로소 내가 세상에 나왔다고 한다. 하지만 나를 낳고 나서도 부모님은 몹시 고생을 하셨다. 겨우 17살이었던 어머니는 젖이 말라서 내게 죽을 끓여 먹이고, 아버지가 품 속에 안고 다니면서 동냥젖을 얻어먹이셨단다.

하루는 집안 어른들에게 이런 얘기를 들었다. 몇 해 전, 우리 문중에 새로 혼인한 집이 있었는데, 어느 할아버지가 서울 갔던 길에 사다 두셨던 관을 밤에 몰래 머리에 쓰고 새 사돈을 맞이하였다. 하지만 공교롭게도 근처 사는 양반에게 이 일이 발각되어 관이 발기발기 찢기고, 그 후부터 다시는 우리 집안에서 관을 못 쓰게 되었다. 당시 머리에 관을 쓸 수 있는 것은 양반들이고, 우리 같은 상놈 집안에서는 관을 쓸 수가 없었기 때문이다.

나는 이 얘기를 듣고 너무나 억울해서 몹시 울었다. 그리고 그 사람들은 어찌해서 양반이라 떵떵거리고, 우리는 어찌해서 상놈이라 천대받는지를 물었다. 어른들의 대답은 이러하였다.

"그 사람들은 집안에 진사가 셋이나 되고, 관직에 나가 벼슬살이를 하는 사람도 있단다."

나는 어떻게 하면 진사가 되고 벼슬살이를 할 수 있는지를 다시 물었다.

"진사가 되거나 벼슬살이를 하려면 글공부를 열심히 해서 큰 선비가 되어 과거에 급제를 하면 된단다."

이 말을 들은 뒤로 나는 글공부를 하리라 결심하고, 아버지께 글방에 보내 달라고 졸랐다. 그러나 아버지는 한참 동안 망설이며 무언가를 고민하는 눈치였다. 우리 동네에는 서당이 없어서 이웃 동네 양반네 서당으로 갈 수밖에 없었기 때문이다. 그런데 양반네 서당에서 상놈인 나를 받아 줄지 말지도 알 수 없는 일이거니와, 받아 준다 하더라도 양반 자식들의 등쌀을 견디어 낼 것 같지 않았다. 그래서 얼른 결론을 못 내리다가 마침내 우리 동네 아이들과 이웃 동네 상놈의 아이들을 모아서 새로 서당을 하나 만들고, 이 생원이란 양반 한 분을 선생으로 모셔 오기로 했다.

서당 선생이 오시는 날, 나는 머리를 빗고 새 옷을 갈아입고 아버지와 함께 마중을 나갔다. 저쪽에서 나이가 50쯤 되어 보이는 키가 후리후리한 분이 오시는데 아버지께서 먼저 인사를 하고 나서 내게 일렀다.

"창암아, 선생님께 어서 절해야지!"

　어렸을 적 내 이름은 창암이었다. 나는 공손하게 너붓이 절을 하고 나서, 그 선생이란 분을 우러러보니 어찌나 거룩해 보이는지 하느님을 대하는 기분이었다. 내 나이 12살 때였다.

　처음에는 우리 사랑방을 글방으로 정하고 우리 집에서 선생의 식사를 받들기로 하였다. 서당문을 열던 첫날 나는 '마상봉한식(馬上逢寒食, 길에서 한식을 맞다)'이란 다섯 글자를 배웠는데, 뜻도 제대로 모르면서도 기쁨에 겨워 자꾸만 읽었다. 다음 날부터 새벽에 일찍 일어나자마자 선생님 방에 달려가 그 날 배울 것을 누구보다도 먼저 배운 다음, 나중에 먼 데서 오는 아이들에게 가르쳐 주기도 했다.

이렇게 석 달을 지낸 다음에는 산골의 신존위라는 사람 집으로 서당을 옮기게 되었는데, 거리가 멀어 도시락을 싸서 고개를 넘어 다녔다. 아침에는 집에서 서당을 가면서, 저녁에는 서당에서 집으로 오면서 내 입에서는 글소리가 끊이지 않았다. 그래서 글방에서 배운 것을 외우는 데는 내가 제일이었다. 서당 선생은 늘 내 머리를 쓰다듬어 주시며 나를 칭찬했다.

이렇게 반 년이 지났을 무렵 선생과 신존위는 서로 사이가 멀어지게 되었다. 신존위는 선생을 못마땅하게 여기며 이렇게 투덜거렸다.

"서당 선생은 밥을 너무 많이 먹어. 올해 같은 흉년엔 양식 대기도 힘들겠어!"

옛날은 양식이 풍족하지 않을 때라 밥을 많이 먹는 것은 큰 흉이었다. 하지만 신존위가 선생을 못마땅하게 여긴 진짜 이유는 따로 있었다. 자기 아들은 공부를 못해 늘 제자리 걸음인데 내 공부는 나날이 늘고 있기 때문에 샘이 났던 것이다.

서당에서 한 달에 한 번씩 치르는 시험이 있었다. 이를 '월강'이라고 하는데 한 번은 선생이 내게 조용히 이런 부탁을 하신 적이 있었다.

"얘 창암아, 이번엔 내가 뭘 물어도 일부러 뜻을 모른다고 하고 시험을 잘 못 봤으면 좋겠구나."

"예에? 왜요, 선생님?"

"네가 매번 장원을 하니까 신존위가 샘을 내는 것 같구나. 그러니 이번만 네가 양보해 다오!"

"예, 그렇게 하겠습니다."

이리하여 이 날 신존위의 아들이 처음으로 한 번 장원을 하였다. 신존위는 대단히 기뻐하며 닭을 잡고 한턱을 단단히 냈다. 그러나 번번이 신존위의 아들을 장원시키지 못한 죄로 선생님이 서당을 그만두게 되었으니, 참으로 안타까운 일이었다.

선생님과 작별 인사를 할 때 나는 정신이 아득하여 선생님의 품에 매달려 소리를 내어 울었다. 선생님도 눈물이 비 오듯 하였다. 나는 그 충격으로 며칠 동안 밥도 잘 안 먹고 울기만 했다.

그 후 나는 집안 사정이 나빠져 서당을 계속 다닐 형편이 못 되었다. 그리하여 책은 남의 것을 빌려다 읽었지만 글씨를 쓸 종이와 먹 값이 나올 데가 없었다. 어느 날 어머니가 품을 팔아서 먹과 종이를 사다 주셨을 때에는 어찌나 고마운지 이루 말로 다 형용할 수 없었다.

어느덧 14살이 되었다. 나는 공부를 무척 하고 싶었지만 마땅히 배울 만한 선생이 없었다. 그렇다고 우리 집안 형편으로 이름난 스승을 찾아가 배울 수도 없었다. 그러던 중 마침 공부할 길이 하나 뚫렸다. 우리 동네에서 북쪽으로 10리쯤 떨어진 학골이라는 곳에 정문재라는 분이 글을 가르치고 있었다.

이분은 우리 집과 마찬가지로 상놈이었으나 문장이 뛰어난 큰 선비여서 그 아래에는 사방에서 여러 선비들이 모여들어 있었다. 그런데 이분이 우리 큰어머니와 친척지간이어서 아버지께서 이분을 찾아가 간청한 끝에 돈을 내지 않고 무료로 배울 수 있는 허락을 겨우 얻었다. 나는 이 소식을 듣고 너무나 기쁜 나머지 춤이라도 덩실덩실 추고 싶은 심정이었다. 나는 배운다는 기쁨에 날마다 10리나 되는 험한 산길을 힘든 줄도 모르게 넘나들었다.

나는 훌륭한 선생님 밑에서 더욱 열심히 공부에 전념했다. 과거를 보기 위해 『대학』, 『통감』 등과 같은 어려운 책도 읽었다. 그러던 어느 날 선생님이 나를 불렀다.

"창암아, 해주에서 과거 시험을 본다는 공고가 났다는구나. 너도 과거를 보려면 명지 쓰는 연습을 좀 해야 할 거다."

명지란 과거 때 글을 지어 바치는 종이를 말하는데, 이것이 우리나라의 마지막 과거였다. 아버지는 천신만고로 종이 다섯 장을 구해 오셔서 나는 그 다섯 장 종이가 까맣게 되도록 글씨를 익혔다.

마침내 과거날이 다가왔다. 과거장은 수많은 사람들로 붐비며 마치 시장바닥처럼 술렁거렸다. 어떤 사람들은 서로 좋은 자리를 차지하려고 아우성이었다.

"여보슈, 여기 내가 잡은 자리니 저리 가시오!"

"무슨 소리요? 여긴 오늘 아침부터 내가 점찍어 둔 자리요!"

과거장의 어수선한 풍경을 보는 것만으로도 내겐 좋은 구경거리였다.

나는 정성을 다해 과거 시험을 치렀다.

"쳇, 빌어먹을…… 세상이 온통 썩었어!"

과거 시험장을 나올 때 웬 선비 하나가 투덜댔다. 나는 호기심에 그 선비를 잡고 물었다.

"아니 그게 무슨 소립니까?"

"몰라서 묻소? 과거에 급제할 사람을 미리 정해 놓고 시험을 치르니 아무리 과거를 잘 봐야 뭐 하겠소? 그러니 우리 같은 사람이 급제하기는 애초부터 글렀소!"

그 선비의 말에 따르면 급제를 하려면 글공부를 열심히 하는 것보다 서울의 권세 있는 양반집에 뇌물을 바치는 것이 빠르다는 것이었다. 양반 권세가에게 아부를 잘하면 그것이 곧 과거에 합격하는 지름길이라는 얘기였다.

이렇듯 급제할 사람을 미리 정해 놓고 과거를 치르니, 글공부를 잘해야 아무 소용이 없는 것이었다.

내가 집에 돌아와서 잘못된 과거 시험에 매우 실망한 얼굴을 하자 아버지께서 조용히 말씀하셨다.

"그까짓 돈으로 주고 사는 과거 시험일랑 그만두는 게 좋겠다. 대신 풍수 공부나 관상 공부를 해 보려무나. 풍수를 배우면 조상님네 산소를 잘 써서 복을 누릴 것이요, 관상을 잘 보면 사람을 잘 알아보아서 성인 군자를 만날 것이니라."

나는 아버지 말씀을 옳게 여겨 『마의상서』란 관상책을 빌려다가 독방에서 석 달 동안 꼼짝도 않고 공부하였다. 공부 방법은 방 안의 거울로 내 얼굴을 보면서 얼굴의 여러 부분의 이름을 외우고, 내 상의 길흉을 연구하는 것이었다.

그런데 아무리 내 얼굴을 요모조모 뜯어보아도 귀하게 되거나 부자가 될 좋은 상은 없고, 천하고 가난하게 될 것이란 상밖에 없었다. 과거 시험에 실망했던 마음을 관상을 통해 위로하려 했는데, 내 상을 보니 그보다도 더욱 낙심이 되었다. 세상을 살아갈 용기가 전혀 나지 않았다. 하지만 이렇게 절망에 빠진 나에게 오직 한 가지 희망을 주는 것은 『마의상서』 중 다음과 같은 구절이었다.

얼굴 좋음이 몸 좋음만 못하고,
몸 좋음이 마음 좋음만 못하다.

나는 이 구절을 속으로 되뇌이며 마음 좋은 사람이 되기로 굳게 결심하였다. 그러나 마음이 좋지 못하던 사람이 마음 좋은 사람으로 되는 비법은 무엇인가? 여기에 대하여 『마의상서』는 아무런 대답도 주지 못하였다. 그래서 이 책을 덮어 버리고 풍수책을 좀 보았으나 거기서도 별 흥미를 얻지 못하고, 이번에는 병서를 읽기 시작하였다.

『손자병법』, 『육도삼략』 같은 병서를 읽다 보니 뜻을 알지 못하는 것이 많았다. 그러나 장수의 제목을 말한 곳에 "남을 알고 나를 알면 백 번 싸워도 지지 아니하리라."는 구절이 내 마음을 끌었다. 이렇게 잘 알지도 못하는 병서를 읽으며 1년의 세월을 보냈다.

그 무렵 사방에서 이상한 소문이 떠돌았다.

"머지않아 계룡산에 정 도령이란 분이 도읍을 정하고 새 나라를 세운다는구먼."

"맞아, 그래서 이웃 마을 최 서방은 벌써 이삿짐을 싸 들고 계룡산으로 떠났다는구먼."

이와 더불어 동학에 관한 소문도 사람들 입에 오르내렸다.

"저 아랫동네 갯골 사는 오응선이란 양반 있잖아. 글쎄 그 양반이 충청도에 가서 동학이란 도를 닦고 돌아왔는데 손으로 문을 열지 않고도 방을 드나든다는구먼. 그뿐 아니라 갑자기 눈앞에서 싹 사라졌다가 또 갑자기 나타나기도 하고, 마치 땅 위를 걷듯이 공중을 걸어다닌다는구먼."

"아니 그게 정말입니까?"

나는 귀가 솔깃하여 동학이란 것에 대해 자세히 물어보았다. 그러고는 동학에 호기심이 생겨서 갯골 오응선이란 사람을 찾아가 보기로 마음먹었다. 내가 갓 18살 되던 해였다.

갯골 오씨 집 앞에 다다르니 안으로부터 무슨 글 읽는 소리가 들리는데, 그것은 보통 경전이나 시를 외는 소리와 달리 마치 노래를 합창하는 것 같았다. 나는 집 안으로 들어가 큰 소리로 주인을 찾았다.

"주인장 계십니까?"

그러자 방 안에서 말쑥한 젊은 선비 한 사람이 나와서 나를 맞이하였다. 내가 공손히 절을 하자 그 양반 선비도 공손히 맞절을 했다. 나는 깜짝 놀라 말했다.

"이게 무슨 일입니까……. 양반댁 선비께서 저 같은 상놈에게 맞절을 하시다니요."

당시 상놈 신분이었던 나는 양반댁 선비에게 맞절을 받을 수 없었다. 게다가 아직 장가도 가지 않은 떠꺼머리 총각인 내게 너무 넘치는 대우를 하니 몸둘 바를 몰랐다.

"허허, 그 무슨 당치 않은 소립니까? 우리 동학에서는 부자나 가난한 자, 양반이나 상놈이나 구분 없이 사람이면 누구나 평등하게 대접합니다. 그러니 내가 양반이라고 해서 조금도 불편해하거나 미안해할 것 없습니다."

이 말을 들으니 마치 다른 세상에 온 것처럼 마음이 밝아졌다. 상놈으로 태어난 것에 한이 맺혔던 나는 동학의 평등주의가 더없이 고마워 그 즉시 동학에 들기로 결심했다.

동학에 입도한 나는 열심히 공부를 하는 한편, 다른 사람들에게 동학을 알리는 일에 힘썼다. 내가 부지런히 동학을 알린 덕분에 나를 통해 동학에 새로 들어온 사람이 몇 달 새에 수백 명이나 되었다. 이렇게 되자 내 이름이 널리 알려지게 되었다. 어떤 사람들은 내가 마치 도술을 부리는 사람이라도 되는 양 이렇게 쑤군대기도 했다.

"동학을 믿는 김창수란 사람이 맨발로 공중을 떠다니는 걸 본 사람이 있다는구먼."

"맞아, 나도 그런 소문을 들었어. 그 사람은 그렇게 하룻밤에 천 리 길도 왔다 갔다 한다더군."

나는 이 때부터 창암이라는 아이 때 이름을 버리고 김창수란 이름을 썼다. 이렇게 소문이 꼬리에 꼬리를 물고 이어져, 내 명성은 황해도뿐만 아니라 멀리 평안도에까지 널리 퍼졌다. 이렇게 되자 내 밑으로 동학에 들어온 사람이 몇천 명을 넘었다. 나는 당시 동학도 중에서 나이가 어린 사람으로서 수많은 사람들을 거느리고 있다고 하여 아기 접주라는 별명을 얻었다. 접주라는 것은 동학에서 쓰는 직함으로서 한 접의 우두머리라는 말이다.

이듬해에는 전라도 고부에서 녹두장군 전봉준이 군사를 일으켰다는 소식이 들려왔다. 그와 함께 황해도에서도 군사를 일으키라는 전갈이 빗발치듯했다. 이에 황해도 일대의 여러 동학 우두머리들이 모여서 거사할 날짜를 정하고, 작전 계획을 세우기에 이르렀다.

"자, 좋은 작전이 있으면 말해 주시오."

"우선 황해도의 중심인 해주성을 빼앗아 탐관오리와 왜놈을 다 잡아 죽이기로 합시다."

"좋은 생각이오. 그렇다면 누구를 선봉장으로 삼는 게 좋겠소?"

"팔봉 접주인 김창수가 어떻겠소?"

"찬성이오. 김창수는 용맹할 뿐 아니라 그 밑에 따르는 자가 많으니 최고의 선봉장 감이오."

나는 당시 팔봉산 밑에 산다고 하여 '팔봉 접주'란 이름이 붙어 있었다.

그리하여 내 밑에 있는 동학도 중에서 총기를 가진 이를 모아서 군대를 만들었다. 다행히 내 밑에는 산에서 포수 노릇을 하던 사람이 많아서 다 모아 보니 총기를 가진 군사가 7백 명이나 되어 무력으로는 제일 힘이 강했다.

선봉장이 된 나는 '선봉'이라고 쓴 깃발을 높이 달고 말을 타고 선두에 서서 해주성을 향해 진격했다. 해주성에 다다라 근처 야산에 진을 치고 공격 명령이 내리기를 기다렸다.

이윽고 총지휘부에서 공격 명령이 내려왔다. 나는 곧 작전을 개시하였다.

먼저 부대를 두 개로 나누어 한 패로 하여금 남문을 공격하게 했다. 성 안의 군사가 그쪽으로 몰리면 그 틈을 타 서문을 습격해 깨뜨릴 생각이었다.

나는 선발대를 뽑아 남문으로 보낸 뒤 전군을 몰아 서문을 향해 맹렬한 공격을 시작했다. 이 때 갑자기 총지휘부에서 퇴각하라는 명령이 내려왔다. 어쩔 수 없이 말머리를 돌리려 할 때 남문으로 보낸 군사들이 벌써 산으로 들로 달아나는 것이 보였다. 나는 정신 없이 달아나던 한 군사를 잡고 물었다.

"아니 도대체 무슨 일이오?"

"남문에서 일본놈들이 쏜 총에 서너 명이나 맞아 죽었다는구려."

그는 말을 마치자마자 허둥지둥 달아나기에 바빴다. 나는 군사들에게 퇴각하라는 명령을 내리고 질서 있게 물러났다. 그리고 해주성 밖 80리 떨어진 곳에 다시 진을 쳤다.

나는 이번 실패를 거울 삼아 한 가지 깨달은 것이 있었다.

'비록 군사들이 총을 가졌다고는 하지만 훈련이 안 된 오합지졸이라 패한 거야. 만약 훈련이 잘된 군사였다면 일본놈이 쏜 총 몇 방에 그 많은 군사들이 우왕좌왕 도망치지는 않았을 거야. 과거에 군대 경험이 있는 자를 교관으로 삼아서 군사를 훈련시켜야겠어!'

나는 이렇게 마음먹고 교관을 뽑아서 군사들을 훈련시키는 데에 온 힘을 쏟았다. 총쏘기는 말할 것도 없고 행진하는 법, 체조 등 온갖 것을 다 가르쳤다. 좋은 군대를 만드는 것이 싸움에 이기는 비결이라 믿은 탓이었다.

하루는 어떤 사람 둘이 나를 찾아와 인사를 청했다.

"우리는 구월산에 사는 정덕현, 우종수라 하오. 김창수란 사람을 찾아왔는데 어디 있소?"

"제가 김창수입니다만 어쩐 일로……?"

"소문에 들으니 동학군에 한 놈도 쓸 것이 없는데 그대가 좀 낫다는 얘기를 듣고 얼굴이나 한번 보려고 찾아왔소!"

두 사람은 이렇듯 말투가 매우 불손하였다.

"뭐라고? 이 작자들이 여기가 어디라고 함부로 주둥이를 놀리는 거야!"

옆에 있는 내 부하가 곧 달려들 기세로 눈을 부릅떴다. 나도 속으로 은근히 화가 치밀었지만 도리어 부하를 나무랐다.

"어허, 이 사람아! 손님들에게 이 무슨 무례한 짓인가? 자네들은 뒤로 물러나 있게!"

나는 부하들을 돌려보낸 다음 두 사람을 향해 '선생'이란 존칭까지 써 가며 공손하게 대접했다.

"제 부하의 무례를 너그러운 마음으로 용서하십시오! 이렇게 두 분 선생께서 몸소 저를 찾아오셨으니 좋은 계책이 있으면 일러 주시기 바랍니다."

"좋소. 듣던 대로 당신은 예사 인물이 아니로군. 그럼, 안으로 들어가서 얘기합시다."

그제야 두 사람은 다정스레 내 손을 잡고 예의를 갖추었다. 그들이 일러 준 계책은 대충 이러하였다.

첫째, 병졸을 대할 때 경어를 쓰지 말 것(동학군 사이에 너무 질서가 없어졌기 때문에 생겨난 것임 - 편집자주).
둘째, 동학군이 민가로 들어가 함부로 곡식이나 가축을 빼앗는 강도짓을 하지 말 것.
셋째, 왜놈들이 이웃 고을에 쌓아 둔 쌀 2천 석을 빼앗아 군량으로 쓸 것 등……

나는 즉시 이 계획을 실행에 옮기기로 마음먹고 부하들을 집합시켰다. 이 자리에서 정덕현에게 '모주'라는 직함을, 우종서에게 '종사'라는 직함을 주어 부하들에게 두 사람 말을 잘 따르라고 일렀다.

어느 날 밤이었다. 부하 하나가 들어오더니 은밀히 이런 소식을 알렸다.

"대장님, 지금 청계동 안 진사로부터 밀사가 왔습니다."

밀사란 비밀스러운 연락을 전하기 위해 보낸 사람을 말한다. 안 진사의 이름은 태훈인데 그의 맏아들 중근은 훗날 하얼빈 역에서 이토 히로부미를 쏴 죽인 그 안중근 의사이다. 안 진사는 글을 잘

해서 서울에까지 이름을 떨치고, 또 지략이 뛰어나 조정의 대관들도 함부로 하지 못하는 사람이었다.

동학당이 군사를 일으키자 안 진사는 이를 토벌하기 위하여 고향인 청계동에서 포수 3백 명을 모아 의병을 일으켰다. 그래서 청계동 근처의 여러 동학당들이 안 진사의 의병에 의해 뿔뿔이 흩어진 터라, 동학의 각 부대에서는 이를 두려워하고 경계하고 있었다.

나는 정덕현으로 하여금 안 진사의 밀사를 몰래 만나게 했다. 그의 보고에 따르면, 안 진사는 비록 서로 적이 되어 있지만 나를 몹시 아까운 인재로 여기고 있기 때문에 싸움을 피하기 위해 밀사를 보냈다는 것이었다. 나는 참모 회의를 열어 의논한 결과 저편에서 나를 치지 않으면 나도 저편을 치지 않을 것, 서로 어려운 처지에 빠질 경우에는 도와 줄 것이라는 은밀한 약속을 주고받았다.

그 무렵 서울에서 내려온 관군과 일본군이 해주를 점령하고 구월산에 둥지를 틀고 있는 우리를 노리고 있다는 소식이 들려왔다. 그러나 정작 문제는 관군과 일본군에 있지 않고 나와 같은 동학당인 이동엽의 군사에 있었다. 이동엽은 구월산 일대에서 가장 큰 세력을 가진 접주였는데 나와는 사이가 별로 좋지 않았다. 그의 부하들이 종종 우리 부대에까지 넘어와 노략질을 일삼았는데 우리 군에서 군율에 따라 사정없이 엄벌에 처했기 때문이었다.

그런데 공교롭게도 그 즈음 나는 몸에 열이 나고 두통이 심해서 자리에 눕게 되었다. 며칠 후 내 병은 홍역인 것으로 판명되었다. 이 때가 내 나이 19살, 갑오년 섣달이었다.

"홍역도 못 치른 대장이로군."

나를 간호하던 노인이 이런 말을 하며 웃었다. 이렇게 병석에 누워 있을 때 이동엽의 군대가 습격해 온다는 보고가 들리더니 뒤이어 어지러운 총소리가 났다. 불의의 습격을 받자 우리 군사들은 제대로 싸워 보지도 못한 채 흩어지고 말았다.

하지만 이동엽이 내 군사를 친 것은 자기 손으로 자기 목을 친 것이나 다름없었다. 그는 혼자서 관군과 일본군을 감당하지 못하고 결국 관군에 잡혀가 사형당하고 말았다. 내 군사와 이동엽 군사가 소탕되고 나니 황해도의 동학당은 전멸한 셈이었다.

나는 정덕현과 함께 앞일을 의논했다.

"앞으로 어떡해야 할지 막막합니다."

"청계동 안 진사를 찾아가 보는 게 어떻겠습니까?"

"안 진사는 나의 적군이었는데 그러면 내가 포로 신세가 되는 게 아니오? 난 그런 대접은 받기 싫소!"

내가 한마디로 거절하자 정덕현이 부드러운 말로 나를 타일렀다.

"안 진사는 그런 분이 아니올시다. 그는 인재를 아끼고 사랑하는 터라 사람을 함부로 대하지 않을 것이오. 지난번 안 진사가 밀사를 보낸 것도 이런 경우를 당하면 자기를 찾아오라는 뜻이 아니었겠소?"

나는 그의 말을 옳게 여기고 청계동 안 진사를 찾아가기로 결심했다. 처음 청계동을 향해 길을 떠날 때만 해도 발길이 잘 떨어지지 않았으나, 막상 안 진사를 찾아가니 너무도 반갑게 맞이해 주었다.
　"귀한 손님들이 오시는구려. 그러잖아도 지난번 구월산에서 위험을 면하신 줄 알고 사람을 놓아서 찾아보았지요. 헌데 계신 곳을 몰라 은근히 걱정을 하고 있었는데 오늘 이처럼 몸소 찾아 주시니 감사합니다."

들던 대로 진사는 예사 인물이 아니었다. 첫눈에 보기에도 눈에 정기가 있어 사람을 누르는 힘이 있었지만 늘 겸손하였다. 성격도 퍽 소박하여 비록 신분이 낮고 무식한 사람이라도 함부로 대하지 않아 모두에게 존경을 받았다.

어쨌거나 안 진사가 오갈 데 없는 나를 정중하게 맞아주니 나로서는 그저 고마울 따름이었다. 내가 청계동 안 진사 댁에 머문 것은 몇 달밖에 되지 않지만 이 때 참으로 많은 것을 얻었다. 먼저 첫 번째가 안 진사와 같은 훌륭한 인물을 알게 된 것이요, 두 번째는 고능선 같은 의기 있는 학자에게서 가르침을 받은 것이었다.

고능선 선생은 원래 해주 서문 밖에 살던 분인데 안 진사의 배려로 청계동에 들어와 살고 있었다. 고 선생은 당시 황해도 일대에서 손꼽힐 정도로 학식이 높은 분이었다. 나는 안 진사의 사랑방에서 처음 그분을 만났다. 이 날 그분이 나더러 자기 집으로 놀러 오라는 말을 하기에 나는 너무나 기뻐서 이튿날 바로 그 집으로 찾아갔다.

고 선생은 나를 매우 특별하게 대접했다.

"잘 왔네. 앞으로 종종 나와 같이 세상사도 말하고 학문에 대해서도 얘기해 보세!"

나는 고 선생의 이 말을 듣고 너무나 감격스러워 눈물이 날 지경이었다. 그 때 나는 과거에 낙심하고 관상 공부에도 흥미를 잃고 동학에도 실패하여 매우 마음이 어두웠다. 그런데 고 선생 같은 대학자가 내게 말벗이 되어 달라고 하니 그처럼 감격스럽고 황송한 일이 없었다.

　이리하여 나는 매일같이 고 선생을 찾아가 그분의 가르침을 받았다. 그분은 특히 의리의 소중함에 대한 많은 이야기를 했다. 사람이 아무리 뛰어난 재능을 가졌더라도 의리에 벗어나면 아무 소용이 없다는 말을 입버릇처럼 했다.

　나는 고 선생 댁에서 놀다가 저녁밥을 먹고 밤늦게까지 고 선생님과 나라 일을 얘기하곤 했는데 어느 날 선생께서 이런 말을 하셨다.

"예부터 천하에 아무리 강성했던 나라라도 언젠가는 망하는 때가 있는 법이네. 하지만 나라가 망하더라도 거룩하게 망하는 것이 있고 더럽게 망하는 것이 있다네. 그 나라의 백성이 의로써 싸우다가 힘을 다하여 망하는 것이 거룩하게 망하는 것이요, 백성끼리 여러 패로 갈려서 한편은 이 나라에 붙고 한편은 저 나라에 붙어서 서로 헐뜯고 싸우다가 망하는 것은 더럽게 망하는 것이네. 헌데 지금 우리 나라를 보게. 일본이 조선을 삼키려고 호시탐탐 노리고 있는 이 때, 조정 대신들이 이편 저편으로 갈려서 서로 싸우고 있지 않은가. 이제 우리에게 남은 일은 목숨을 버릴 각오로 나라를 위해 뜻있는 일을 하는 것뿐이라네."

이런 말을 하며 선생은 소리 없이 눈물을 흘렸다. 나 또한 나라의 장래를 생각하니 울분이 솟구쳐 절로 눈물이 나왔다.

"선생님, 그러면 기울어 가는 나라를 바로 세우기 위해 조금이라도 도움이 되는 일이 없겠는지요?"

"글쎄…… 지금 청나라와 서로 잘 사귀어 놓으면 나중에 도움이 될지도 모르겠네. 청나라는 갑오년 싸움에서 일본에 진 원수를 갚으려 할 것이니 그것을 잘 이용하면 일본의 침략을 막을 수도 있을 걸세. 그러니 조선 사람이 청나라에 건너가 국정도 살펴보고 그 나라 인물들과 교분을 쌓아 둘 필요가 있지."

나는 선생의 말을 듣고 청나라로 갈 마음이 생겼다. 그러나 한편으로 '나같이 어린 사람이 무슨 도움이 되랴' 싶은 생각도 들었다.

"선생님, 저 같은 사람이 청나라로 간다고 해서 무슨 도움이 될까요?"

"그렇게 나약한 마음을 먹는 것은 잘못이네. 자기가 옳다고 생각한 일이 있으면 혼자라도 실천에 옮겨야 하네. 그러다 보면 뜻에 맞는 사람이 여럿 모이게 돼 큰일을 할 수도 있을 걸세."

나는 선생의 말에 용기를 얻어 청나라로 갈 결심을 굳혔다. 선생은 내 결심을 듣고 기뻐하셨다. 나는 다음 날부터 먼 길을 떠날 준비를 하였다.

맨손으로 일본놈을 때려눕히고

내가 조국으로 다시 돌아온 것은 청나라로 방랑의 길을 떠난 지 1년여 만이었다. 나는 청계동 집에 묵으며 나라 일이 어떻게 돌아가는지에 관심을 기울였다. 그 때 나라에서 단발령이 떨어졌다. 단발령이란 당시 상투를 틀고 있던 머리를 강제로 짧게 깎으라는 명령이었다. 이 단발령이 떨어지자 나라 안이 발칵 뒤집혔다. 백성들이 이 명령에 잘 따르지 않자 관아에서는 길 가는 사람을 억지로 붙들고 상투를 잘랐다. 그러자 어떤 이는 큰길에 나와 대성통곡을 하기도 하고, 어떤 선비는 도끼를 메고 나와 '이 목은 자를지언정 이 머리는 깎지 못하리이다.' 하는 뜻의 상소를 올리기도 했다.

백성들이 이처럼 단발령을 싫어하고 반대하는 데에는 두 가지 이유가 있었다. 하나는 일본이 단발령을 강제로 시킨 것에 대한 반감이요, 또 하나는 효를 중시하는 유교의 가르침 때문이었다. 유교

에서는 사람의 신체는 부모에게서 물려받은 것이니 머리털 하나, 손끝 하나라도 다치게 하는 것은 불효라고 가르쳤던 것이다.

어느 날 나는 고능선 선생을 찾아가 내 뜻을 전했다.

"선생님, 단발령을 반대하는 의병을 일으킬까 합니다. 단발령 반대가 곧 일본을 배척하는 것이 아니겠습니까?"

"음, 자네 말이 옳네. 안 진사를 찾아가 상의해 보세."

그러나 안 진사의 뜻은 우리와 달랐다. 천주교 신자였던 안 진사는 이럴 때 의병을 일으켜 봤자 실패할 것이 뻔하니 천주교나 믿으면서 좀 더 기다려 보자는 의견이었다. 심지어 그는 머리를 깎이게 되면 깎아도 좋다는 말까지 했다.

나와 고 선생은 안 진사의 말에 몹시 실망하고 그 자리를 물러났다.

이렇게 되자 나는 더 이상 청계동에 머물고 싶은 마음이 없어졌다.

'에이, 이럴 바엔 차라리 중국으로 다시 가 뭔가 뜻있는 일을 찾아보자!'

고능선 선생도 괜히 여기 있다가 머리를 깎이느니 그 곳에 가서 새로운 일을 찾아보라고 권했다.

그런데 며칠 후 내가 안주에 도착했을 때였다. 게시판에 느닷없이 단발령을 정지하라는 명령이 붙었다. 나는 어떻게 된 영문인지 몹시 궁금했다. 이유를 알아본즉, 러시아를 등에 업은 일부 세력들이 임금님을 러시아 공사관으로 데려다 놓고 친일파의 개혁 정치를 멈추게 했다는 것이었다. 이제 우리 나라에서 러시아와 일본의 세력 다툼이 시작되고, 조정에서는 친러파와 친일파 간에 싸움이 벌어지게 되었다.

일이 이렇게 되자 나는 마음을 고쳐먹었다.

'음…… 이 나라의 운명이 어떻게 될지 한 치 앞을 분간할 수 없구나. 나라가 이 지경인데 굳이 중국으로 갈 이유가 무엇인가? 삼남에서는 곳곳에 의병이 일어난다고 하니 조국에 머물면서 기회를 엿보는 것이 낫겠구나!'

이렇게 생각하고 나는 발길을 돌렸다. 평안남도 용강을 거쳐 황해도 안악으로 가기로 작정하고 나는 치하포에서 나룻배에 올랐다. 하지만 이 때가 한겨울이라 대동강 하류인 이 물길에는 얼음 덩이가 수없이 밀려오고, 날씨가 좋지 않아 주막에서 하룻밤을 묵게 되었다. 주막에 드니 이미 풍랑에 뱃길이 막힌 손님들이 방마다 가득했다. 나도 그 틈에 끼어 겨우 잠이 들었다.

다음 날, 먼동이 트기도 전인데 밖이 어수선했다. 모두들 오늘은 날씨가 좋으니 새벽 일찍 배를 건네 달라고 야단들이었다. 벌써 아랫방에서부터 밥상이 들기 시작하고 있었다.

나도 할 수 없이 일어나 앉아 내 상이 오기를 기다리면서 방 안을 휘둘러보았다. 그 때 문득 방 한쪽 귀퉁이에 머리를 깎은 사람 하나가 눈에 띄었다. 그가 옆에 앉은 사람과 인사하는 것을 들으니 성은 정씨요, 장연에 산다고 했다.

장연에서는 일찍 단발령이 실행되어서 백성들 중에 머리 깎은 사람이 많았다. 그러나 그 말씨가 장연 사투리가 아닌, 서울말이었다. 조선말을 썩 능숙하게 잘했지만 내 눈에 그는 분명 왜놈임에 틀림없었다. 자세히 살펴보니 그의 흰 두루마기 밑으로 칼이 보였다. 슬며시 다가가 어디로 가느냐고 물은즉, 그는 진남포로 가는 길이라고 했다.

'음…… 보통 장사꾼 같으면 변장을 하고 거짓 성과 이름을 쓸 까닭이 없으니 이는 필시 우리의 국모인 명성황후를 죽인 왜놈일 거야. 그렇지 않다 하더라도 일본인은 우리 민족에게 해를 입히는 놈들이 분명하니 저 한 놈을 죽여서라도 민족의 수치를 씻어야 해!'

당시 일본은 명성황후를 칼로 죽이는 만행을 저질러, 백성들은 일본에 대해 이를 갈고 있었다. 나 또한 일본에 대한 원한이 뼈에 사무쳐 이런 결심을 하게 되었다.

나는 주위를 천천히 살펴보았다. 주막에 있는 40여 명 되는 손님 중에 그놈의 패거리가 몇이나 되는지는 알 수 없었으나 17, 8살 되어 보이는 총각 하나가 그의 곁에서 치다꺼리를 하는 것은 알 수 있었다.

나는 속으로 궁리했다.

'저놈들은 둘이요, 또 칼이 있다. 더구나 내가 저놈들에게 덤비면 필시 방 안에 있던 사람들이 영문도 모른 채 달려들어 나를 말

릴 것이다. 그러면 저놈은 그 틈을 타서 칼을 꺼내 내 목을 노릴 것이다. 이 일을 어떡하지……?'

이런 생각이 들자 갑자기 망설여졌다. 마음이 혼란스러워 진정할 수가 없었다. 그 때 문득 고능선 선생의 교훈 중에 이런 글귀가 떠올랐다.

낭떠러지에서 나뭇가지를 잡은 손을 탁 놓아야
그것이 대장부이다.

이 말은 의로운 일을 위해선 목숨을 아끼지 말고 떨쳐 일어나야 한다는 가르침을 담고 있다. 그 글귀를 떠올리자 가슴속에 햇빛이 비치는 것처럼 마음이 밝아졌다. 그리고 나는 혼자 속으로 이렇게 묻고 대답했다.

'저 왜놈을 죽이는 것이 옳으냐?'
'옳다!'
'내가 어려서부터 마음 좋은 사람이 되기를 원하였느냐?'
'그렇다!'
'의를 보면 그대로 행동으로 옮길 것이요, 일이 잘되고 잘못됨을 속으로 계산하는 것은 몸을 아끼고 이름이나 내세우려는 치졸한 자들의 일이 아니냐?'
'그렇다! 나는 의를 위하는 자요, 몸을 아끼거나 이름을 내세우

려는 자는 아니다!'

 이렇게 스스로에게 묻고 대답하고 나니, 혼란스럽던 마음이 잔잔한 호수처럼 가라앉았다. 나는 조심스럽게 왜놈의 동정을 살폈다. 왜놈은 별로 신경쓰는 기색도 없이 조용히 식사를 마치고는 밖으로 나갔다. 그러고는 기둥에 몸을 기댄 채 자기의 심부름꾼 총각 아이가 밥값을 계산하는 모습을 무심히 쳐다보고 있었다.

 '이 때다!'

 나는 서서히 일어나 왜놈에게 다가가 "이놈!" 하는 고함 소리와 함께 아랫배를 힘껏 걷어찼다. 내 발길질에 왜놈은 저만치 마당

한가운데로 뚝 나가떨어졌다. 나는 틈을 주지 않고 나는 듯이 쫓아 내려가 그놈의 모가지를 밟았다.

"아니, 이게 무슨 일이야?"

주막에 있던 사람들이 놀라 눈이 휘둥그레졌다. 방마다 문이 벌컥 열리며 사람들이 마당으로 쏟아져 나왔다. 나는 주위에 둘러선 사람들을 향해 눈을 부라리며 소리쳤다.

"누구든 이 왜놈을 위해 감히 내게 달려드는 자는 모조리 죽일 테니 그리 알아라!"

이 말이 끝나기도 전에 내 발에 눌렸던 왜놈이 몸을 빼쳐서 칼을 꺼내 번쩍이며 내게 달려들었다.

나는 얼굴을 향해 날아드는 칼날을 피하면서 발길을 들어 그의 옆구리를 차서 거꾸러뜨렸다. 그런 다음 칼을 잡은 손목을 힘껏 밟으니 칼이 언 땅에 소리를 내며 떨어졌다. 나는 칼을 들어 왜놈을 향해 내리쳤다.

삽시간에 온 마당이 피로 물들며, 왜놈은 이내 숨을 거두었다. 나는 피가 뚝뚝 흐르는 장검을 들고 방으로 들어가면서 호령했다.

"아까 왜놈을 위하여 내게 달려들려던 놈이 누구냐?"

방 안에 있던 사람들이 모두 바닥에 납작 엎드렸다. 그 때 어떤 사람 하나가 바들바들 떨며 말했다.

"아이구, 장군님! 살려 주십시오. 나는 그놈이 왜놈인 줄은 꿈에도 모르고 예사 사람으로 알고 말리려고 나갔던 것뿐입니다!"

"장군님, 아직 지각 없는 젊은 것들이니 용서하십시오!"

주막집 주인이 감히 방 안에 들어오지도 못하고 문 밖에 꿇어앉아서 용서를 구했다.

"소인이 눈깔만 있고 눈동자가 없어 장군님을 미처 몰라뵙고 멸시하였으니 죽을 죄를 졌사옵니다. 하지만 그 왜놈과는 아무런 관계가 없고 다만 밥을 팔아먹은 죄밖에 없사옵니다. 아까 장군님을 능욕한 죄를 너그러이 용서하십시오!"

주인은 머리를 땅바닥에 조아리며 싹싹 빌었다. 나는 주인에게 그 왜놈의 짐꾸러미를 가져오라고 일렀다. 짐을 샅샅이 조사해 보니, 그 왜놈은 일본군 육군 중위 토전양량(土田讓亮)이란 자요, 엽전 8백 냥이라는 큰돈이 들어 있었다. 나는 그 돈을 동네의 가난한 사람들에게 나누어 주었다. 그리고 왜놈의 시체에 대해선 이렇게 분부했다.

"왜놈은 우리 나라와 민족의 살을 갉아 먹는 원수이니, 이자의 시체를 강물에 던져 물고기들로 하여금 이 나라 원수의 살을 뜯어 먹게 하라!"

잠시 후 나는 주인을 불러 붓과 종이를 가져오라 일렀다. 그런 다음, '국모의 원수를 갚으려고 이 왜놈을 죽였노라!' 하는 뜻의 포고문을 한 장 쓰고 그 끝에 '해주 사는 김창수'라고 서명까지 하였다.

"이 종이를 사람들이 많이 지나다니는 큰길가 벽에 붙이고, 안악 군수에게도 이 사실을 보고하라!"

나는 주막 주인에게 이렇게 명한 뒤 유유히 그 곳을 떠났다.

신천읍에 오니 이 날은 마침 장날이라 사람들이 몹시 붐볐다. 사람들이 여기저기 모여서 웅성거리는데, 귀를 기울여 보니 치하포 이야기였다. 어떤 장사가 나타나서 한 주먹으로 왜놈을 때려죽였다는 말들을 하고 있었다.

일이 심상치 않음을 눈치챈 나는 집에 돌아온 즉시 부모님께 지난 일을 낱낱이 아뢰었다. 부모님은 깜짝 놀라 눈이 휘둥그레졌다.

"아이고, 큰일났구나. 관에서 너를 찾으려고 혈안일 테니 어서 몸을 피하는 게 좋겠다!"

"아닙니다. 저는 나라를 위하여 떳떳하고 올바른 일을 한 것뿐이니 비겁하게 도망치고 싶은 생각이 없습니다. 설사 내가 잡혀가 목이 떨어지더라도 이것은 만백성에게 좋은 본보기가 될 터이니 이보다 영광된 죽음이 어디 있겠습니까?"

내가 당당한 태도로 말하자 부모님도 옳게 여기셨는지 더 이상 아무 말씀도 안 하셨다. 나는 태연히 집에 머물러 있으면서 관가에서 나를 잡으러 오기만 기다렸다.

그로부터 석 달 정도 흘렀을 때였다. 하루는 내가 잠자리에서 아직 일어나지도 않은 이른 새벽에 어머니께서 문을 두드리는 소리가 들렸다.

"얘, 수상한 사람들이 우리 집을 앞뒤로 둘러싸는구나!"

그 말이 채 끝나기도 전에 몇십 명이나 되는 사람들이 집 안으로 밀려들었다.

"네가 김창수냐?"

나는 이제야 올 것이 왔구나 생각하고 당당하게 말했다.

"그렇다. 내가 김창수인데 당신들은 대관절 누구기에 새벽부터 남의 집에 몰려와 시끄럽게 구는 거냐?"

그러자 그 중 한 사람이 말없이 체포장을 내보이며 다짜고짜 나를 묶었다. 나는 순순히 그들을 따랐다. 그들은 내 몸을 쇠사슬로 여러 겹 동여맨 다음, 두 사람이 앞뒤에서 쇠사슬 끝을 잡고 나머지는 전후 좌우 나를 빙 둘러싼 채로 해주로 향했다. 우리 일가 친척을 비롯하여 동네 사람들은 많았지만 모두 겁이 나서 감히 문 밖을 내다보지 못했다.

이틀 후 나는 해주 감옥에 갇히는 몸이 되었다. 어머니는 밥을 빌려다가 내 옥바라지를 하시고, 아버지는 사방으로 쫓아다니며 내가 풀려날 수 있도록 힘을 써 봤지만 사건이 워낙 중대한지라 아무 효과가 없었다.

옥에 갇힌 지 한 달이 넘어서 나는 목에 큰 칼을 쓴 채로 해주 감사 앞에 끌려나가 심문을 받았다.

"네가 치하포에서 일본인을 죽이고 도적질을 한 것이 틀림없느냐?"

"그런 일 없소!"

나는 한마디로 딱 잡아떼었다. 그러자 해주 감사는 더욱 언성을 높이며 호령했다.
　"이놈, 증거가 다 있는데도 모른다고 잡아뗄 것이냐. 여봐라, 저놈을 단단히 혼내 주어라!"
　호령이 떨어지자 사령들이 달려들어 내 두 발목과 무릎을 끈으로 칭칭 묶고, 기다란 몽둥이 두 개를 다리 사이에 들이밀고 양쪽에서 한 놈씩 몽둥이를 잡고 힘껏 눌렀다. 이것이 바로 주리를 트는 고문인데, 다리가 부서져 나가는 듯한 고통이 따랐다. 얼마나

세게 눌렀는지 단번에 내 정강이의 살이 터져서 뼈가 허옇게 드러났다. 지금도 내 왼쪽 정강이에는 큰 상처가 있는데 이 때 생긴 것이다.

나는 이를 악물고 참고 참다가 마침내 기절하고 말았다. 그러자 내 얼굴에 찬물을 끼얹어 정신을 차리게 한 후 감사가 다시 똑같은 질문을 했다. 나는 목소리를 가다듬어 이렇게 대답했다.

"내가 한 일은 내 스스로의 욕심을 채우기 위한 것이 아니라 우리 조선을 위한 것이었소. 심문을 받더라도 서울에서 받을 것이니 서울로 보내 주시오!"

나는 서울에 가기 전에는 내가 왜놈을 죽인 이유에 대해 절대 말하지 않기로 미리 마음먹었던 것이다. 감사는 내 말을 듣고 아무 말도 없이 나를 다시 가두었다. 그로부터 두 달 뒤 나는 인천 감옥으로 옮겨 가게 되었다.

내가 해주를 떠나 인천으로 가게 되자 옥바라지를 위해 어머니도 나를 따라나섰다.

드디어 인천 감옥에 도착했다. 어머니가 옥문 밖까지 따라오셔서 눈물을 흘리고 서 계신 것을 나는 잠깐 고개를 돌려서 보았다.

시골에서 자라셨으나 무슨 일에나 과단성이 있으셨던 어머니는 특히 바느질 솜씨가 뛰어났으므로 어느 부잣집 식모로 들어가서 내 옥바라지를 할 궁리를 하셨나 보다. 어느 날 옥사정(감옥에서 죄수를 감시하는 사람)이 나를 부르더니 어머니가 식모자리를 얻어 자리를 잡으시고 하루 세 끼 밥을 들여보내셨다고 일러 주었다. 이 소식을 듣고 나는 옛사람의 이런 글귀를 떠올렸다.

> 부모님께서 나를 낳으시고 기르시느라 고생하심이여!
> 그 은혜 하늘처럼 높아 보답할 길이 없어라.

　어머니께서는 나를 먹여 살리느라 고생이 이만저만이 아니었다. 나는 이런저런 일을 떠올리며 스스로 불효자임을 생각하니 더욱 마음이 괴로웠다.
　인천 감옥에 수감된 나는 처음엔 도적으로 취급되었다. 그래서 아홉 사람을 함께 채우는 기다란 착고*에 도적 여덟 명과 함께 발목이 묶였다.
　옥 안은 더할 수 없이 불결하고 찜통처럼 더워서 참으로 견딜 수가 없었다. 게다가 나는 장티푸스를 앓고 있어서 극심한 고통을 겪고 있었다. 한 번은 자살할 생각으로 다른 죄수들이 잠든 틈을 타서 이마에 손톱으로 '충성할 충(忠)' 자를 새기고 허리띠로 목을 맸다. 하지만 이 자살 시도는 실패했다.
　그 후로 나는 자살하지 못하도록 감시를 당했을뿐더러, 나 스스로도 다시는 목숨을 끊는 일은 하지 않기로 결심했다.
　그 무렵 나를 심문한다는 소식이 전해졌다. 그 동안 나는 병을 앓느라 음식을 입에 대어 보지도 못하여 몸도 제대로 가누지 못할

---

*착고(또는 '차꼬'): 죄수에게 형벌을 가하거나 고문을 하는 데에 쓰는 기구의 한 가지

만큼 기운이 빠져 있었다. 그래서 나는 생각했다.

'해주에서 다리뼈가 드러나는 악형을 견디면서도 입을 꼭 닫고 있었던 것은 서울에 가서 조정의 대신들을 향하여 내 뜻을 말하려 했던 것인데……. 이제 불행히 여기서 병으로 죽을지 모르게 되었으니 부득이 이 곳에서라도 왜놈을 죽인 뜻을 말할 수밖에 없구나!'

나는 옥사정의 등에 업혀서 경무청으로 들어갔다. 가는 길에는 죄수를 문초하는 형틀이 삼엄하게 놓여 있는데 보기만 해도 소름이 끼쳤다. 옥사정이 업어다가 내려놓은 내 꼴을 보고 김윤정이란 경무관이 어쩌다 저렇게 되었느냐고 물은즉, 옥사정은 열병을 앓아서 그렇다고 대답했다. 김윤정이 다시 나를 향해 물었다.

"내가 묻는 말에 정신을 차리고 대답할 수가 있겠느냐?"

"정신은 있으나 목이 말라붙어 말이 잘 나오지 않으니 물이나 한 잔 주면 마시고 말하겠소."

그러자 김윤정은 술을 들이라고 명하여 물 대신 술을 먹여 주었다. 그런 뒤에 성명, 주소, 나이 등을 묻고는 언제, 어느 때 치하포에서 일본인을 죽인 일이 있느냐고 물었다. 나는 "있소." 하고 분명하게 대답했다.

"죽인 이유가 뭐냐? 그자의 재물을 강탈하려고 죽였나?"

경무관이 묻는 말에 나는 눈을 똑바로 뜨고 당당하게 대답했다.

"나는 국모의 원수를 갚으려고 왜놈 한 명을 죽인 일은 있어도 재물을 강탈한 적은 없소!"

너무도 당당한 내 말투에 경무관과 여러 관원들은 서로 얼굴만 돌아볼 뿐 모두들 아무 말이 없었다.

그 때 옆에서 심문을 감시하고 있던 일본인 순사 와타나베가 뭔가 이상한 낌새를 눈치채고 통역을 하는 사람에게 무슨 일이냐고 묻는 것을 보고 나는 큰 소리로 꾸짖었다.

"이놈! 너희 일본은 우리 조선과 통상, 화친하자고 조약을 맺어 놓고 어찌하여 우리의 국모인 명성황후를 죽였느냐, 이 개 같은 왜놈들아! 내가 살아 있는 한 내 손으로 너희 일본 천황을 없애 우리 조선의 치욕을 씻고야 말 것이며, 죽으면 귀신이 되어서라도 기필코 너희 왜놈들이 씨도 없이 망하는 꼴을 보고야 말 터이다!"

이렇게 목소리를 높였더니 와타나베 순사는 내 기세에 눌려 "칙쇼, 칙쇼." 하면서 슬그머니 꽁무니를 빼고 사라졌다. '칙쇼'란 일본말로 짐승이란 뜻으로, 욕이란 것을 나중에 들어서야 알았다. 분위기가 심상치 않게 돌아가자 어떤 관원이 경무관 김윤정에게 조용히 말했다.

"이 사건은 대단히 중대하니 감리사 영감께 아뢰어 친히 심문하게 하는 게 마땅할 것입니다."

이에 김윤정은 고개를 끄덕이며 동의를 표하였다. 얼마 후 감리사 이재정이란 사람이 들어오자 김윤정은 그에게 자리를 내어주고 지금까지의 심문 경과를 자세히 보고했다. 나는 이 감리사가 나를 심문하기 전에 먼저 그를 향해 입을 열었다.

"나 김창수는 이름 없는 시골 백성에 불과하지만 국모 폐하께옵서 왜놈의 손에 돌아가신 국가의 수치를 당하고서 대낮에 낯을 들고 다니기가 부끄러워 왜놈 한 놈을 죽였소. 하지만 아직까지 우리 조선 사람이 일본 천황을 죽여 국모 폐하의 원수를 갚았다는 소식을 듣지 못하였거늘, 당신이 몽백을 입고 있다니 이게 어찌된 노릇이오? 옛말에 나라의 원수를 갚지 않고는 몽백을 입지 않는다는 말이 있는데 당신은 높은 관리로서 몽백을 입고 있으니 이 얼마나 부끄러운 일이오?"

이 감리사는 몽백을 입고 있었다. 몽백이란 나라의 임금이나 황후 같은 사람이 죽었을 때 높은 관리들이 입는 예복이었다. 아직 국모의 원수도 갚지 않았는데 몽백을 입은 것을 보고 내가 도리어 관리들을 나무란 것이다. 내 말을 듣고 감리사 이재정을 비롯한 여러 관원들은 모두 낯이 붉어지고 고개가 수그러졌다. 모두 양심에 찔리는 것이 있었던 모양이다.

한동안 잠자코 생각에 잠겨 있던 이재정이 입을 열었다.

"당신이 지금 하는 말을 들으니 그 충성스러운 마음과 용기 있는 행동에 저절로 고개가 숙여지는 한편, 스스로 부끄럽고 참담한 마음 금할 길이 없소이다. 그러나 상부의 명령대로 당신을 심문하여 보고를 올려야 하니 내 입장을 잘 헤아려서 사실대로 잘 말해 주면 고맙겠소."

그는 매우 공손한 말투로 마치 내게 하소연하듯이 말했다.

이 때 김윤정이 내 병이 아직 위험한 상태에 있다는 뜻으로 이 감리사에게 수군수군하더니, 옥사정에게 명하여 나를 옥으로 데려가라 일렀다. 옥사정의 등에 업혀 나갈 때 보니 수많은 구경꾼들 속에서 어머니의 얼굴이 눈에 띄었다.

두 번째 심문날에도 나는 지난번과 같이 옥사정의 등에 업혀 나갔는데 옥문 밖 길에는 사람들이 가득 찼고, 담장이나 지붕까지 사람들이 하얗게 올라가 심문을 구경할 채비를 갖추고 있었다. 내가 심문을 받기 위해 경무청 뜰에 앉아 있을 때 김윤정이 슬쩍 내 곁으로 지나가며 말했다.

"오늘도 왜놈이 왔으니 기운껏 호령해 혼을 내시오."

나는 김윤정이 비록 지금은 왜놈 밑에서 벼슬을 하고 있으나 의기 있는 사람이라 생각되었다.

이 날 심문이 시작되었지만 나는 지난번에 할 말을 다 하였으니 더 할 말이 없다고 짤막하게 끝냈다.

그런 뒤, 뒤쪽에 앉아서 나를 넘겨다보고 있는 와타나베를 향하여 또 꾸짖는 말을 퍼부었다.

그 이튿날부터는 면회하러 오는 사람이 더더욱 많아졌다. 그들은 대개 나의 의기 있는 행동에 감동을 받고 찾아왔다거나, 어디 사는 아무개니 내가 출옥하거든 만나자거나, 또는 이런 고생이 오래 가지 않을 것이니 마음 편히 가지라는 등의 말을 했다.

이렇게 찾아오는 사람들은 대개가 음식을 한 상씩 잘 차려 와서 나더러 먹으라고 권했다. 나는 가져온 사람이 보는 데서 한두 젓가락 먹고는 나머지 음식은 죄수들에게 차례로 나누어 주었다.

그 때의 감옥은 지금과는 달리 옥에서 하루 세 끼 밥을 다 먹여 주는 것이 아니었다. 죄수가 손수 짚신을 삼아서 거리에 내다 팔아 쌀을 사다가 죽을 끓여 먹는 형편이었다. 그러므로 내게 들어온 좋은 음식을 얻어먹는 것이 그들에겐 커다란 즐거움이었다.

세 번째 심문은 경무청 뜰이 아니라 감리서에서 있었다. 이재정 감리사 자신이 직접 심문을 했는데 인천에서 내로라하는 인사가 방청객으로 많이 모였다. 이재정은 매우 친절한 말투로 심문을 진행했다.

심문이 다 끝나자 그 내용이 적힌 쪽지를 내게 읽게 한 뒤 고칠 것이 있으면 나더러 고치라고 하였다. 이 날은 일본인이 아무도 참석하지 않았다.

며칠 후 일본인이 내 사진을 찍는다고 해 나는 또 경무청으로 업혀 들어갔다. 이 날도 사람이 많이 모여 있었다. 사진을 찍기 전에 김윤정이 내게 말했다.

"오늘 저 일본 사람들이 당신 사진을 찍으러 왔소. 일본 사람을 노려보듯이 눈을 딱 부릅뜨고 주먹을 불끈 쥐고 찍으시오."

그런데 정작 사진을 찍기도 전에 우리 관원과 일본인 사이에 옥신각신 말다툼이 일어났다. 이유인즉, 일본인이 나를 수갑을 채우든지 포승으로 묶든지 하여 죄인 모양으로 꾸미라고 요구한 것이었다. 이를 김윤정은 한마디로 딱 잘라 거절하였다.

"이 사람은 계하죄인(啓下罪人)인즉, 대군주 폐하의 분부가 계시기 전에는 그 몸에 함부로 형구를 댈 수 없소!"

계하죄인이란 임금이 친히 알아서 다스리는 죄인을 말하는 것이다. 이에 일본인은 다시 말하기를,

"형법이 곧 대군주 폐하의 명령이 아니오? 그런즉 형법에 따라 김창수에게 수갑을 채우고 포박하는 것이 옳지 않소?"
하고 기어이 나를 결박하기를 주장하였다.

"갑오개혁 이후에 우리 나라에서는 형구를 없애 버렸소."

김윤정이 이렇게 거짓말로 잡아떼자 일본인이 다시 깐깐하게 대들었다.

"당신네 감옥 죄수들을 보니 다 쇠사슬을 차고 다니던데 그게 무슨 말이오?"

그러자 김윤정이 와락 성을 내며 소리 높여 꾸짖었다.

"죄수의 사진을 찍는 것은 일본과 맺은 조약에 없는 사항이오. 그러니 그렇게 세세한 일까지 당신네들의 간섭을 받을 필요는 없잖소!"

이 말을 듣고 주위에 둘러섰던 구경꾼들은 김 경무관이 명관이라고 칭찬했다. 이리하여 나는 자유로운 몸으로 사진을 찍게 되었는데, 일본인이 다시 김윤정에게 사정하여 겨우 내 옆에 포승줄을 놓는 것까지는 허락되었다.

나는 며칠 전보다 기운이 많이 회복된 터라 모여 선 사람들을 향하여 한바탕 연설을 하였다.

"여러분! 왜놈들은 우리 국모인 명성황후를 죽였으니 우리 백성들에게 이런 수치와 원한이 또 어디 있소? 왜놈들의 행패가 어디 이것만으로 그칠 줄 아시오? 바로 여러분의 아들과 딸들이 언젠가는 반드시 왜놈의 손에 다 죽을 것이오. 그러니 여러분도 나를 본받아서 왜놈을 만나는 대로 때려죽이시오. 왜놈을 죽이는 것이 곧 우리가 사는 길이오."

내가 이렇게 고함을 치자 와타나베 놈이 내 곁에 와서 이런 말로 나를 빈정댔다.

"네가 그렇게 충의가 있고 잘났으면 어찌하여 벼슬 한 자리도 못 하였나?"

"나는 벼슬을 못 할 상놈이라서 조그마한 왜놈이나 죽였다마는, 벼슬을 하는 양반들은 너희 천황의 모가지를 베어서 원수를 갚을 것이다!"

나는 이렇게 호령하여 와타나베의 기를 꺾어 버렸다.

이로써 나는 심문을 다 끝내고 판결만을 기다리는 한가한 몸이 되었다.

그 때부터 나는 아버지께서 보내 주신 『대학』을 읽고 또 읽었다. 책의 내용이 좋기도 하려니와 그것 말고는 읽을 책이 없었기 때문이다. 그런데 나는 천만뜻밖에도 감리서에 다니는 어떤 젊은 관리로부터 내 평생 처음 대하는 새로운 책을 얻었을 뿐만 아니라 그를 통해 새로운 문화를 접할 수 있었다. 그는 서양 문물에 관한 이야기를 들려주면서 우리 나라가 옛 사상, 옛 지식만 지키고 외국의 문물을 배척하기만 해서는 도저히 나라를 건질 수 없으며, 널리 세계의 정치, 문화, 경제, 과학 등을 연구하여 좋은 것은 빨리 받아들여 우리의 힘을 길러야 한다는 주장을 폈다.

"창수처럼 의기 있는 남아가 마땅히 신학문을 배워서 나라와 백성을 위해 뜻있는 일을 해야지, 외국의 문물이라고 무턱대고 배척한다면 나라가 멸망하는 것을 막을 수 없소!"

그는 이런 말로 나를 일깨우며 서양의 문물을 소개하는 『태서신사』, 『세계지지』 같은 책을 들여보냈다. 나는 언제 사형 판결을 받

을지 모르는 몸이었지만, 아침에 옳은 길을 듣고 저녁에 죽어도 좋다는 생각으로 이 책들을 손에서 놓지 않았다. 내가 이렇게 열심히 책을 읽는 것을 보고 감리서 관리도 무척 기뻐하였다.

이런 책들을 읽는 동안에 나는 서양 문물이 어떠하며, 오늘날 세계의 형편이 어떠하다는 것을 어렴풋이나마 느낄 수 있었다. 아울러 나 자신의 무지와 우리 조선 사회의 나쁜 점에 대한 비판도 하게 되었다. 나는 지금까지 고능선 선생의 가르침에 따라 서양을 배척하는 것만이 제일이고, 오직 옳은 도가 한 줄기 살아 있는 데는 우리 나라뿐이요, 머리를 깎고 양복을 입은 무리들은 모두 짐승 같은 오랑캐라고 믿고 있었다.

그러나 『태서신사』 한 권만 보아도 눈이 움푹 들어가고 코가 우뚝 솟은 사람들은 결코 짐승 같은 오랑캐가 아니요, 오히려 나라를 세우고 백성을 다스리는 좋은 법과 아름다운 풍속을 가졌다는 것을 깨달을 수 있었다.

나는 우리 나라에 가장 필요한 것은 저마다 배우고 사람마다 가르치는 것이라고 생각했다. 옥중에 있는 죄수들을 보니 글을 아는 이가 없고, 또 그들의 생각이나 말이 모두 무지하기 짝이 없었다.

'아, 이 어리석은 백성을 이대로 두고는 결코 나라의 수치를 씻을 수도 없고, 다른 나라와 겨루어 나갈 부강한 힘을 키울 수도 없어!'

나는 언제 사형 판결이 내려질지 모르는 상황이었지만 내 목숨이 붙어 있는 날까지 옥중에 있는 죄수들만이라도 가르쳐 볼 생각이었다. 내가 글을 가르쳐 준다고 하니 그들은 싫다는 소리를 않고 배우는 체를 하였다. 그러나 그 중 몇 사람을 제외하고는 글을 배우기보다는 내게 잘 보여 맛있는 음식을 얻어먹으려는 것이 목적인 것 같았다.

그러는 동안 여름도 거의 다 지나갔다. 하루는 신문에 아무 날 아무 때 김창수를 다른 살인 강도들과 함께 처형한다는 기사가 났다. 나는 그 기사를 보고도 어찌된 일인지 마음이 조금도 흔들리지 않았다.

심지어 사형대에 오를 날이 내일로 다가왔을 때에도 나는 평상시처럼 음식을 먹고 독서를 하고 사람들과 이야기를 나눴다.

오히려 내가 사형을 당한다는 신문 기사를 본 사람들이 연이어 찾아와서 마지막 작별 인사를 하고는 눈물을 흘렸다.

"아이고, 이게 웬일이오? 살아 나오면 다시 만날 줄 알았는데…… 흑흑흑!"

그들은 이렇듯 두 주먹으로 한바탕 눈물을 씻고는 돌아가곤 하였다.

사형이 집행되는 날 아침에도 나는 여전히 『대학』을 읽고 있었다. 인천 감옥에선 사형 집행이 언제나 오후에 있다는 것을 알고 있었던 나는 그 날 아침과 점심까지도 잘 챙겨 먹었다. 죽을 때에는 어떻게 하리라, 하는 마음의 준비도 없었다. 나는 이렇듯 초연했건마는 다른 죄수들이 내 죽음을 슬퍼하는 모습은 차마 볼 수가 없었다. 내게 음식을 얻어먹거나 글을 배운 죄수들은 마치 그들의 부모님이 죽어도 저렇게 슬퍼할까, 의심이 들 만큼 애통하게 울었다.

차차 시간이 흘러서 오후가 되었다. 사형대로 끌려나갈 시간이 바짝바짝 다가오고 있었다. 나는 내 목숨이 끊어질 순간까지 성현의 말씀을 되새기며 의연하게 행동하리라 마음먹고 몸을 단정히 하고 앉아서 『대학』을 읽고 있었다. 그 때 뜻하지 않게 저녁밥이 들어왔다. 사람들은 내가 특별한 죄수라서 밤에 사형을 집행하려고 저녁밥을 들여보낸 것이라고 생각했다. 나는 예기치 않게 세상에서 한 끼를 더 먹게 된 것이다.

초저녁이 되자 밖에서 여러 사람이 떠들썩하게 이야기하는 소리가 들렸다. 옥문 열리는 소리가 나더니 누군가 가까이 오는 발소리가 들렸다.

"흠…… 이제 때가 왔구나!"

나는 숨을 죽인 채 가만히 기다리고 있었다. 나와 한방에 있던 죄수들은 마치 자기가 죽으러 나가는 것처럼 모두 낯빛이 변하며 덜덜 떨었다. 이 때 문 밖에서 나를 찾는 소리가 들렸다.

"창수, 어느 방에 있소?"

"이 방이오!"

나는 씩씩한 목소리로 대답했다. 그러자 저쪽에서 반가운 목소리로 이렇게 소리쳤다.

"아이고, 이제는 창수가 살았소! 감리사 영감과 관청 직원 모두가 아침부터 밥 한 술 못 먹고 혀만 끌끌 차고 있었소. 창수를 어찌 차마 우리 손으로 죽이느냐고 말이오. 그런데 지금 대군주 폐하께옵서 김창수 사형을 멈추라시는 명령을 내리셨소. 아이고, 오늘 얼마나 마음 고생이 많으셨소?"

사람들은 마치 자기가 죽을 곳에서 살아난 것처럼 기뻐하였다. 나중에 알고 보니 내가 사형을 면하고 살아난 데는 두 번의 아슬아슬한 고비가 있었다.

첫 번째는 조정에서 법무대신이 내 이름과 함께 몇몇 사형 죄인의 명부를 가지고 입궐하여 상감의 재가를 받을 때였다. 상감은

별 생각 없이 다 재가하였는데 그 때에 일을 보던 승지 중의 하나가 내 죄명이 국모보수(國母報讐, 국모의 원수를 갚다)인 것을 보고 이상하게 여겨서 다시 임금에게 가져갔다. 상감께서는 즉시 어전 회의를 열어 내 사형을 정지하기로 결정했다고 한다. 그러므로 그 승지의 눈에 '국모보수' 네 글자가 아니 띄었더라면 나는 예정대로 교수대의 이슬로 사라졌을 것이다.

두 번째는 인천에 전화가 개통된 것이 나에 관한 전화가 오기 바로 사흘 전이었다고 한다. 만일 서울과 인천 사이에 전화 개통이 늦어졌다면 아무리 상감께서 나를 살리려 하셨더라도 그 명령이 오기 전에 나는 벌써 죽었을 것이다.

내가 분명히 사형을 면한 것을 알게 되자 죄수들은 좋아서 어쩔 줄 몰랐다. 그들은 온갖 노래를 다 부르면서 얼씨구 절씨구 춤을 추기도 했다. 또 죄수들은 내가 사형 당일날 아무 일도 없는 것처럼 태연자약했던 것은 미리 임금님의 은총이 내릴 줄 알았던 것이라고 제멋대로 해석하고는 내가 앞날을 내다보는 사람이라고 떠들었다.

사형이 정지되었다는 소식이 퍼지자 어제까지 내게 작별 인사를 왔던 사람들이 이번에는 축하 인사를 하려고 줄을 이었다. 면회 오는 사람이 어찌나 많은지 나는 몇 날 며칠 동안 옥문 안에 자리를 깔고 앉아서 인사를 받았다.

그런데 하루는 감리서 관원이 옷 한 벌을 가지고 와서 내게 이런 말을 했다.

"이건 김주경이라는 강화 사람이 주는 것이니 이 옷을 갈아입고 있다가 그 사람이 오거든 만나 보구려."

얼마 후 한 사람이 찾아왔는데 나이는 사십이 되어 보이고, 생김생김이 무척 단단해 보였다. 그는 만나서 별 말이 없고, 다만

"고생이 참 많으시오. 나는 김주경이라 하오."

하고는 돌아갔다. 그 날 어머니께서 저녁밥을 가지고 오셔서 하시는 말씀이,

"낮에 김주경이란 사람이 찾아와서 우리 내외의 옷감과 함께 필요한 데 쓰라고 돈 2백 냥을 두고 갔다. 네가 보기에 그 양반이 어떻더냐? 밖에서 듣기에는 아주 훌륭한 사람이라 하더구나."

하시기에 나는,

"사람을 한 번 보고 어찌 잘 알 수 있겠습니까마는, 어쨌든 고마운 일입니다."

하고 간단하게 대답했다. 하지만 그 후로 김주경은 나를 석방시키기 위해 헌신적으로 뛰었다.

김주경이 나를 석방시키기 위해 제일 먼저 한 일은 당시 법무대신 한규설을 찾아간 일이었다. 그는 나에 대해 자세히 말하고 이런 사람을 살려 내야만 충의 지사가 많이 나올 테니 대군주 폐하께 나를 놓아 주도록 말해 달라고 청했다. 그러자 한규설은,

"나도 속으로는 찬성이지만 일본 공사가 벌써부터 김창수를 사

형시키지 않은 것을 문제 삼아 김창수를 옹호하는 자는 누구든 해를 끼치려고 벼르고 있어 좀 어렵겠소."

하고 핑계를 대며 이를 거절하였다. 이에 김주경은 화가 나서 대관들에게 한바탕 욕설을 퍼붓고 나와 정식으로 법무부에 김창수 석방을 요구하는 소장을 올렸다. 하지만 그 역시 '의기는 높이 살 만하나 일이 중대하니 마음대로 할 수 없다'는 대답만 들었다.

그 뒤에도 제2차, 제3차로 여러 관청에다 소장을 내밀어 보았지만 이쪽 저쪽으로 서로 미루기만 하였다. 이런 식으로 김주경은 7, 8개월 동안이나 나를 위하여 송사를 하는 통에 그 집 재산은 다 탕진되었다. 이리하여 끝내 김주경은 노력한 보람도 없이 나를 석방하는 운동을 중단하고 말았다. 그는 마침내 소송을 단념하고 집에 돌아와 내게 편지를 띄웠는데, 편지글 끝에 한시 한 수가 적혀 있었다.

새장을 벗어나야 진정 좋은 새라,
그물을 떨치고 나가야 예사스런 물고기가 아니리.
충성은 반드시 효에서 구할 것이니,
그대 돌아오기 기다리는 어버이를 보라.

이는 내게 은근히 탈옥을 권하는 말이었다. 나는 답장에서 김주경이 그간 나를 위하여 힘써 준 것에 감사하고, 구차히 살기 위하

여 굳이 내 이름을 욕되이 하지 않겠다고 적었다.

나는 그대로 감옥 생활을 계속하고 있었다. 나는 신학문에 뜻을 두고 열심히 공부하였다. 나는 만사를 하늘의 뜻에 맡기고 옛 성현들의 행동을 본받아 떳떳하게 살아갈 것을 결심했으므로 탈옥 도주는 꿈도 꾸지 않았다.

그러나 감옥 죄수들 중에 내게 탈옥하자고 부추기는 자가 몇 있었다.

"당신은 얼마 안 있어 임금님으로부터 명령이 내려와 여길 나가게 되겠지만 당신마저 나가면 우리는 어떡합니까? 제발 우리를 좀 살려 주십시오."

그들은 내가 마음만 먹으면 한 손에 몇 명씩 쥐고 공중으로 훌쩍 날아 자기네들을 내보낼 수 있는 것같이 생각하는 모양이었다. 두고두고 그들이 눈물을 흘려 가며 살려 달라고 조르는 바람에 내 마음도 조금씩 움직이기 시작했다.

나는 혼자서 곰곰이 생각했다.

'내 사형을 정지시킨 것으로 보아 상감께서 나를 죄인으로 여기지 않음이 분명하고, 김주경을 비롯하여 여러 사람들이 그토록 애쓴 것도 다 나를 살리려는 뜻이 아니냐. 상감에서부터 일반 백성에 이르기까지 다 내가 살기를 원하지만 나를 놓아 주지 못하는 것은 오직 일본 때문이다. 내가 옥중에서 죽어 버린다면 왜놈을 기쁘게 할 뿐인즉, 내가 탈옥을 하더라도 의리에 어긋날 것이 없지 않느냐!'

나는 생각 끝에 드디어 탈옥을 결심했다. 내게 탈옥을 부추기던 죄수에게 결심을 말하자 그는 벌써 살아난 듯이 기뻐하면서 무엇이든 내가 시키는 대로 할 것을 맹세하였다. 내가 그에게 돈 2백 냥을 마련하라고 일렀더니 밥을 나르는 사람을 통하여 곧 가져왔다. 이것으로 탈옥에 필요한 한 가지 준비는 마쳤다.

그러나 두 번째로 큰 문제가 있었으니 그것은 강화 사람 황순용을 손에 넣는 것이었다. 황가는 절도죄로 3년 징역을 거의 다 치르고 앞으로 나갈 날이 멀지 않았으므로 감옥의 규칙에 따라 다른 죄수들을 감독하는 직책을 맡고 있었다. 따라서 황가를 손에 넣지 않고는 일을 꾸밀 수가 없었다. 하지만 나는 이 황가의 약점을 한 가지 알고 있었기 때문에 꾀를 써서 그를 내 손아귀에 넣었다. 이리하여 두 번째 준비도 끝났다.

다음으로 나는 아버님께 면회를 청하여 한 자 길이 되는 세모난 쇠창 하나를 넣어 달라고 부탁했다.

아버지께서는 얼른 눈치를 채시고 그 날 저녁에 새 옷 한 벌에 그 창을 싸서 넣어 주셨다.

이제 마지막으로 탈옥할 날을 정하였으니, 그것은 3월 초아흐렛날이었다.

이 날 나는 옥사정 김가에게 돈 1백50냥을 주며 말했다.

"오늘 밤에 내가 죄수들에게 한턱을 낼 터이니 이 돈으로 쌀과 고기와 막걸리 한 통만 사다 주구려!"

그러고는 따로 돈 스물닷 냥을 옥사정 주머니에 찔러 주며 그것으로 아편을 사 먹으라고 하였다. 이 옥사정이 아편쟁이인 줄을 내가 알았기 때문이다. 내가 죄수들에게 인심을 쓴 것은 전에도 한두 번이 아니었다. 그래서 옥사정도 내 말을 예사로이 알았을 뿐더러 무엇보다 아편값 스물닷 냥이 생긴 것이 좋아서 두말 없이 내 말대로 따라 주었다.

죄수들은 주린 창자에 오랜만에 고깃국과 술을 실컷 먹은 터라 취흥이 흘러넘쳤다. 나는 옥사정 김가더러 이 방 저 방 죄수들에게 노래나 시키며 놀자고 청하였더니, 김가는 좋아라고,

"이놈들아, 목청 좋은 놈은 나와서 노래 한 자락씩 해라!"
하고는 아편을 피우려고 제 방으로 들어가 버렸다.

나는 이 방 저 방을 왔다 갔다 하다가 슬쩍 마루 밑으로 들어가 바닥에 깐 벽돌을 창 끝으로 들춰 내고 땅을 파 옥 밖으로 나왔다. 그러고는 담장에 줄사다리를 매어 놓고, 내가 나온 구멍으로 다시 들어가 아무 일도 없었던 것처럼 내 자리에 돌아가 앉았다. 죄수들은 여전히 흥에 겨워 놀고 있었다. 나는 눈짓으로 탈옥하기로 약속한 네 명의 죄수를 하나씩 불러서 나가는 길을 일러 주었다. 그들을 다 내보내고 마지막으로 내가 나가 보니 먼저 나온 네 녀석은 담 밑에 소복하니 모여 앉아서 벌벌 떨고 있었다.

나는 하나씩 궁둥이를 떠받쳐 무사히 담을 넘겨 주었다. 그런데 마지막으로 내가 넘으려 할 때, 먼저 나간 녀석들이 발길에 뭐가 걸려 넘어지면서 우당탕 소리가 났다. 순간 비상을 알리는 호각 소리가 나고, 담 너머에서는 통탕통탕 급히 도망치는 소리가 들렸다. 나는 더 이상 어물쩡거릴 틈이 없었다.

'이크, 이거 큰일났군!'

줄사다리로 어름어름 넘어갈 새도 없었다. 옥문 열리는 소리, 죄수들이 떠드는 소리까지 들려왔다. 나는 담을 올려다보았다. 남을 넘겨 주기는 쉬워도 혼자 넘기는 힘든 높이였다. 그 때 마침 기다란 막대기가 눈에 띄었다. 나는 그 막대기로 땅을 짚고 몸을 솟구쳐서 간신히 담을 뛰어넘었다.

'에이, 이왕 일이 이렇게 된 이상 내 길을 막는 자가 있으면 사생결단을 하고 결투를 하리라!'

 이런 결심으로 쇠창을 꼬나들고 아예 큰길을 향해 뛰었다. 인천 감옥에 갇힌 지 2년 만에 바깥 세상에 나온 것이다.

기나긴 방랑의 길

감옥에서는 도망쳤으나 어디로 가야 할지 몰랐다. 늦은 봄이라 밤 안개가 자욱히 피어오르는데다 인천은 길이 생소하여 어디가 어딘지 알 수가 없었다. 나는 한 치 앞을 분간하기 어려운 캄캄한 밤에 이리저리 혼자서 길을 헤맸다.

나는 무작정 걷기 시작했다. 이 때부터 떠돌이 방랑 생활이 시작되었다.

나는 거지꼴을 하고 여기저기에서 밥을 얻어먹기도 하고, 남의 집 헛간에서 짚단을 깔고 잠을 자기도 했다. 또 아는 사람을 찾아가 며칠간 신세를 지고, 노자를 얻어 다시 길을 떠나곤 했다. 그렇게 남쪽 지방을 정처 없이 떠돌아다니다 충청도 계룡산에 도착한 것은 감이 벌겋게 달리고 낙엽이 흩날리는 늦가을이었다. 계룡산 갑사라는 절에서 점심을 사 먹고 있을 때 공주에 사는 이 서방이라는 사람을 만났다. 나이는 40쯤 되어 보이는데 몇 마디 얘기를

나누다 보니 뭔가 사연이 있는 사람 같았다. 비록 초면이었지만 얘기가 서로 잘 맞았다. 그가 어디로 가는 길이냐고 묻기에 나는 이렇게 둘러댔다.

"난 개성에서 장사를 하다가 실패하여 홧김에 강산 구경을 떠나 사방 돌아다닌 지가 1년이 넘었소!"

그러자 그는 기쁜 낯으로 대답했다.

"그럼, 마침 잘되었구려. 여기서 마곡사란 절이 40리밖에 안 되는데 나랑 같이 길동무나 합시다."

이리하여 나는 이 서방과 같이 마곡사를 향하여 계룡산을 떠났다. 이 서방은 길을 걸으면서 자기가 홀아비라는 것과 한때 서당 훈장으로 여러 해 있었다는 말을 했다. 그리고 지금은 마곡사에 들어가 중이 되려고 하는데 나도 같이 중이 되면 어떻겠느냐고 물었다. 나도 갈 곳이 없는 터라 중이 될 마음이 전혀 없는 건 아니었지만 갑자기 묻는 말이라 대답을 회피해 버렸다.

마곡사 앞 고개에 올라서니 해가 뉘엿뉘엿 넘어가고 있었다. 산을 가득 메운 울긋불긋한 단풍이 저녁 햇살에 반사되어 아름답게 빛났다. 마곡사는 저녁 안개에 잠겨 있어서 마치 신선 세계에 온 듯한 착각이 들었다. 그 가운데 뎅뎅뎅, 하고 저녁 예불을 알리는 인경 소리가 들렸다. 옆에 있던 이 서방이 다시 한 번 내게 물었다.

"김 형, 어찌하시려오? 세상 만사를 다 잊고 나와 같이 중이 됩시다!"

나는 멋쩍게 웃으며 대답했다.

"글쎄요……, 조금 있다 이 절의 스님을 만나 뵙고 그 자리에서 다시 결정합시다!"

우리는 안개를 헤치고 고개를 내려가 절을 향해 한 걸음 한 걸음 다가갔다. 걸음을 옮길 때마다 더러운 세계에서 깨끗한 세계로, 지옥에서 극락으로 옮겨 가는 듯한 생각이 들었다. 절문을 들어서니 어떤 스님 하나가 우리를 보고 인사를 했다.

이 서방은 그 스님을 오래 전부터 알고 있는 듯했다.

이윽고 저녁밥이 나왔다. 저녁상을 물리고 나서 한동안 앉아 있으려니, 머리가 허연 노승 한 분이 와서 내게 공손히 인사를 했다.

나는 거짓말로 개성에서 태어나 일찍 부모를 여의고 혼자서 강산 구경을 다니는 중이라고 말했다. 그러자 스님은 자기는 머리를 깎고 중이 된 지가 50년이 되었노라고 말하고, 은근히 나더러 상좌가 되기를 청하였다. 상좌란 스승의 가르침을 이어 갈 제자들 가운데 가장 높은 사람을 일컫는 말이다.

"말씀은 고맙지만 행여나 나같이 학식이 얕고 재능이 없는 사람이 상좌가 되었다가 스님의 얼굴에 먹칠을 하지 않을까 두렵습니다."

내가 이렇게 겸손한 말로 사양하였더니, 그는 내가 상좌가 되어 여러 고명한 스님 밑에서 불학을 공부하면 장차 훌륭한 스님이 될 것이라고 말했다.

이튿날 이 서방은 벌써 머리를 달걀같이 밀고 와서 또 나를 졸랐다.

　　"어제 그 스님이 하은당이오. 하은당은 이 절 안에 갑부인 보경 대사의 상좌이니 만약 그대가 하은당의 상좌만 되면 아무 걱정 없이 불경 공부를 할 수 있을 것이오!"

　　이 서방은 이런 말로 내게 삭발하기를 권했다. 나도 하룻밤을 절에서 보내고 나니, 왠지 세상 모든 일이 식은 재처럼 부질없다는 생각이 들어 결국 머리를 깎기로 결심했다.

　　얼마 후 나는 머리 깎는 칼을 든 중을 따라 냇가로 내려갔다. 내가 자리를 잡고 앉자 머리가 섬뜩하며 상투가 모래 위에 툭 떨어졌다. 이미 마음 속으로 단단히 결심했지만 나도 모르게 머리카락과 함께 눈물이 떨어졌다.

　　법당에서는 종이 울렸다. 내가 중이 되었음을 알리는 예불이 시작된 것이다. 내 스승이 된 하은당 스님은 내 법명을 '원종'이라 지어 주었다. 한참 후 예불이 끝난 뒤에는 보경 대사를 비롯하여 산중에 나이 많은 여러 대사들께 차례로 절을 올렸다. 그러고나서 절에서의 여러 가지 예법과 규율을 배웠다. 또 정신 수양에 대해서는,

　　"먼저 교만한 마음을 없애야 하느니라. 사람에게 대하여서뿐 아니라 짐승이나 벌레에 대하여서까지도 공경하는 마음을 가져야 한다는 말이다."

하고 스님으로서의 마음가짐에 대하여도 일러 주었다.

그런데 머리를 깎고 나자 스승인 하은당의 태도가 확 변했다. 어젯밤 나더러 중이 되라고 말할 때만 해도 그렇게도 공손하던 하은당이 오늘 낮부터는 막말을 하면서 종처럼 부려먹었다.

"얘, 원종아! 이놈, 생기기를 미련하게 생겨 먹었으니 고명한 스님이 되기는 글렀다. 상판대기가 저렇게 밉게 생겼을까. 어서 가서 나무도 해 오고 물도 길어 와!"

나는 깜짝 놀랐다. 중이 되는 순간부터 하은당에게 이렇게 구박을 받을 줄 몰랐다. 내가 어쩌다가 이런 데를 들어왔나 하고 혼자서 웃고 탄식하는 때도 있었다. 그러나 이왕 중이 된 이상 하라는 대로 따를 수밖에 없었다. 나는 장작도 패고 물도 긷고 하라는 것은 다 했다.

이러는 동안 반 년의 세월이 흘렀다. 나는 마음고생이 이만저만 아니었지만 다른 중들은 나를 부러워하였다. 이유인즉, 보경 대사나 하은당이 다 70, 80대 노인들이라 그분들만 돌아가시면 그 많은 재산이 다 내 것이 된다는 것이었다. 가을 추수 때가 되면 백미로만 받는 것이 2백 석이나 되고, 돈과 물건으로 받는 것이 수십만 냥이나 되었다. 그러나 나는 평생 불교에 몸을 바칠 생각이 없었다. 더구나 보경 대사의 재물을 탐낼 생각은 손톱만큼도 없었다.

내가 인천 감옥을 나온 후 부모님이 어떻게 되셨는지 궁금하고, 나를 구해 내려고 온갖 노력을 기울인 김주경과 내게 큰 가르침을 준 고능선 선생, 그리고 청계동 안 진사의 소식 등이 알고 싶었다. 그래서 하루는 보경 대사를 찾아가 이런 말을 아뢰었다.

"소승이 이왕 중이 된 이상 중으로서 마땅히 배울 것을 배워야 하겠습니다. 금강산에 들어가 불경 공부를 열심히 하고 싶은데, 대사님 생각은 어떻습니까?"

보경 대사는 내 말을 듣고 고개를 끄덕이며,

"내 벌써 그럴 줄 알았다. 네 소원이 정 그렇다면 그렇게 해야지 별 수 있나!"

하면서 즉석에서 하은당을 불러 한참 동안 둘이 옥신각신하더니 결국 나를 보내 주기로 하였다. 나는 절에서 받은 쌀 열 말을 팔아서 노자를 만들어 서울로 향하였다. 그 날부터 나는 자유의 몸이 되었다.

며칠 만에 서울에 도착하여 여러 절을 돌아다니다가 고향인 해주로 향했다. 가는 도중에 혜정이라는 중을 만나 길동무가 되었다. 내가 금강산에 공부하러 간다고 했더니 그는 평양 구경을 간다고 했다. 가는 길에 해주를 들렀다 가자며 그를 이끌고 해주로 갔다. 해주에 도착하여 근처의 한 암자에 머물면서 혜정에게 부탁했다.

"여보게, 텃골 우리 집에 가서 부모님을 비밀스레 만나되, 내가 잘 있다는 안부만 전하고, 내가 어디 있다는 말은 절대 하지 말게."

혜정이 떠난 뒤 그의 소식만을 기다리고 있는데, 어느 날 저녁

혜정이 돌아왔다. 그런데 혜정의 뒤를 따라 부모님께서 함께 오셨다. 혜정에게 내 안부를 들으신 부모님께서 막무가내로 따라오신 것이다.

"아이고, 이게 얼마 만이냐? 네가 살아 있었구나!"

어머니는 감격하여 나를 안고 눈물을 흘리셨다. 나는 부모님을 모시고 평양 40리 밖에 있는 영천암이란 곳으로 갔다. 어떤 사람의 소개로 영천암 주지 노릇을 하게 되었던 것이다. 하지만 나는

그 곳에서 오래 생활하지 못했다. 부모님이 머리 깎은 것을 탐탁지 않게 여기던 터라 머리를 기르고 중 노릇을 하다가 그 해 가을 다시 상투를 틀고 선비의 의관을 하고서 부모를 모시고 해주 본고향으로 돌아왔다.

고향으로 돌아온 나를 환영하는 사람은 별로 없었다. 창수가 돌아왔으니 또 무슨 일을 저지르지는 않을까, 하고 친한 사람들은 걱정을 하고 남들은 비웃기도 하였다. 그 중에서도 작은아버지 한 분은 조카인 나를 꼭 농사꾼으로 만들려고 단단히 결심했는지 새벽마다 우리 집에 오셔서 내 단잠을 깨웠다. 그러고는 밭으로 논으로 끌고 나가 농사일을 가르쳤다. 나는 며칠 동안은 순순히 그 분의 말에 따랐으나 결국은 견디지 못하고 강화도를 향해 떠나고 말았다. 고능선 선생과 안 진사를 못 뵙고 가는 것이 섭섭했지만 어쩔 수 없는 노릇이었다.

강화에 도착하여 김주경을 찾았으나 그의 동생에게 이런 말만 들었다.

"형님이 집을 떠난 지 3, 4년이 되었지요. 하지만 어디 계신지 아직 연락이 없고, 제가 형수님을 모시고 조카들을 기르고 있는 형편입니다."

동생의 말을 듣고 나는 몹시 실망하였다. 그 대신 동생을 통하여 유인무란 사람을 알게 되었다. 유인무도 김주경의 동지로서 나를 감옥에서 빼내기 위해 온갖 노력을 기울인 사람이다. 그는 내가 김창수라는 본명을 쓰는 것이 위험하다며 이름을 '거북 구(龜)' 외자로 지어주어, 이 때부터 김구(金龜)라는 이름을 썼다.

나는 한동안 유인무의 소개로 사방에 흩어져 있는 그의 동지를 두루 찾아다니며 세월을 보냈다. 그러다가 서울에 와서 유인무의 집에 묵게 되었다.

그런데 어느 날 밤에 꿈을 꾸었는데 아버지께서 종이를 주며 내게 '황천'이라고 쓰라는 것이었다. 몹시 불길한 꿈이었다. 지난 봄에 아버지께서 병환으로 계시다가 조금 나으신 것을 뵙고 떠나온 터라 늘 마음이 놓이지 않던 차에 이러한 흉몽을 꾸니 하루도 더

머물 수가 없었다. 나는 그 이튿날로 해주를 향해 길을 떠났다. 나흘 만에 해주에 당도하여 지나는 길에 고능선 선생을 찾았다. 4, 5년 만에 처음 만나는 것이라 감개무량하였다.

나는 고능선 선생과 이런저런 이야기를 나누며 서양 문명의 힘이 얼마나 위대한지를 말했다. 그리고 상투를 틀고 공자왈 맹자왈만 외서는 서양 문명에 대항할 수 없으니 우리도 그 문명을 받아들여 신교육을 실시하고 모든 제도를 서양식으로 개혁해야 한다고 했다. 이에 고능선 선생은,

"자네가 개화꾼이 되었네그려."

하면서 차라리 나라가 망할지언정 서양 오랑캐의 도를 좇을 수는 없다고 내 말을 물리치시니 어찌할 도리가 없었다.

이 날 선생을 모시고 하룻밤 쉬고 이튿날 떠난 것이 선생과 나의 마지막 이별이 되었다. 나중에 들으니 고 선생은 그 후 충청도 어느 친척 집에서 객사하셨다고 한다.

고 선생과 헤어지고 그 날로 텃골 우리 집에 다다르니 황혼 무렵이었다. 안마당에 들어서니 어머니께서 부엌에서 부리나케 달려나와 나를 맞았다.

"아이고, 네가 오는구나. 아버지 병세가 위중하시다. 아까 아버지가 이 애가 왔으면 들어오지 않고 왜 뜰에 서서 있느냐 하시기에 헛소리로만 여겼더니 네가 정말 오는구나!"

내가 급히 들어가 뵈오니 병세는 과연 위중하였다. 나는 정성껏

보살폈으나 아버지는 결국 내 무릎을 베고 돌아가셨다. 내 손을 꼭 쥐셨던 아버지의 손에 힘이 스르르 풀리더니 곧 운명하셨다.

　장례가 끝나고 난 뒤 나는 아무 데도 나다니지 않고 작은아버지의 농사일을 도와 드렸다. 그랬더니 작은아버지는 나를 매우 기특하게 여기고 모아 둔 돈 2백 냥을 내어 이웃 동네에 사는 처녀와 혼인을 하라고 내게 명령하셨다. 작은아버지는 아버지도 없는 조카를 자신의 힘으로 장가들이는 것이 당연한 의무요, 또 큰 영광이라 여기고 계셨다. 하지만 내가,

"돈을 쓰고 하는 혼인이면 정승의 딸이라도 안 하겠습니다."
하고 거절하자 작은아버지는 크게 노하여 낫을 들고 내게 달려들었다. 어머니께서 겨우 가로막아 화를 피할 수 있었다.

　그 후에도 다른 처녀와 두어 번 혼담이 오갔으나 나와 인연이 아니었던지 번번이 깨져 버렸다. 그러다가 마침내 신천에 사는 최준례라는 처녀와 혼인을 하게 되었다. 나는 혼인을 한 뒤, 색시를 서울 정신 여학교로 공부하라고 보내 버렸다.

민족을 위해 이 한 몸 바치리라

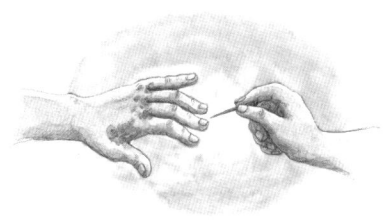

 마침내 우리 나라와 일본 사이에 을사 보호 조약이 맺어졌다. 이로써 우리 나라는 독립권이 깨어지고 일본의 보호를 받아야 하는 입장이 되었다. 전국 방방곡곡에서는 의병이 일어나 피비린내 나는 싸움이 시작되었다. 허위, 이강년, 최익현, 유인석 등은 다 의병 대장으로서 각 지방의 영웅이었다. 그러나 그들은 오직 하늘을 찌르는 의분만 있었지, 군사를 다루는 지식이 없었기 때문에 도처에서 패하였다.
 이 무렵 나는 진남포 에버트 청년회 총무로서 대표의 자격을 얻어 기독교 모임에 참석하게 되었다.
 모임은 교회 사업을 의논한다는 핑계를 댔으나 순전히 애국 운동을 논의하는 모임이었다. 의병을 일으킨 이들의 운동이 구(舊)사상의 애국 운동이라면 기독교인의 운동은 신(新)사상의 애국 운동이라 할 것이다.

우리는 회의를 한 결과, 도끼를 메고 조정에 상소를 올리기로 의견을 모았다. 일단 네다섯 명이 짝을 지어 상소를 올리되, 그네들이 죽든지 잡혀 가든지 하면 그 뒤를 이어 남은 사람들이 계속해서 상소를 올리자는 것이었다.

"우리는 을사 조약이 무효가 될 때까지 한 걸음도 뒤로 물러서지 않고 한마음 한뜻으로 끝까지 싸운다!"

우리는 이렇게 마음을 다지고, 제일 먼저 상소를 올릴 다섯 사람을 대표로 뽑았다. 그러고는 대표를 앞세워 대한문 앞으로 몰려갔다. 이 때 홀연히 일본 순사대가 나타났다.

"어서 빨리 해산하라!"

순사대는 우리를 향해 해산을 명령했지만 듣지 않았다. 오히려 일반 백성들을 상대로 일본을 꾸짖는 연설을 하였다.

"동포 여러분! 일본은 조선의 국권을 강제로 빼앗고, 우리 2천만 동포를 자기네의 노예로 삼는 조약을 억지로 맺었습니다. 우리는 일본을 이 땅에서 몰아낼 때까지 죽기를 각오하고 끝까지 싸워야 합니다!"

마침내 일본 순사대는 상소에 이름을 올린 다섯 사람을 잡아갔다. 우리는 그들이 잡혀 가는 것을 보고 또다시 종로로 몰려가 가두 연설을 시작하였다. 거기에서도 왜놈 순사가 와서 우리를 해산하려고 했다.

이 때 군중을 향해 연설을 하던 청년 하나가 번개같이 달려들어 순사 하나를 발길로 차서 거꾸러뜨렸더니 왜놈 순사들이 총을 쏘아 댔다. 우리는 한동안 깨진 기와 조각을 던지며 순사대와 맞섰다. 그런데 어디선가 또 한 무리의 일본군이 나타나 군중을 해산하고 수십 명의 조선인을 잡아갔다.

우리는 애초에 누가 잡혀 가면 그 뒤를 이어 몇 번이고 상소를 올리자고 하였다. 그러나 사형에 처할 줄 알았던 다섯 명의 대표가 흐지부지 풀려 날 모양이어서 큰 문제도 되지 않는 것 같았고, 또 정세를 살펴보니 상소 같은 것으로 무슨 큰 효과가 생길 것 같지도 않았다. 그래서 우리는 애국 운동의 방침을 고쳐서 각각 전국에 흩어져 교육 사업에 힘을 쓰기로 하였다. 세상 돌아가는 물정에 어둡고 애국심이 약한 국민들이 나라가 곧 자기 집이라는 것을 깨닫기 전에는 어떤 운동을 해도 나라를 건질 수 없다는 것을 깨우친 것이었다.

그래서 나는 황해도로 내려와서 서명 의숙이란 학교의 교사가 되었다가 이듬해 김용제 등 아는 사람의 초청으로 안악으로 이사하여 그 곳 양산 학교의 교사가 되었다. 안악으로 떠난 것이 한겨울이라 갓 낳은 첫딸이 찬바람을 쐬어서 안악에 오는 길에 죽었다.

안악에는 김용제 등 여러 지사들이 있어서 신교육에 열심이었다. 이 때에는 안악뿐 아니라 각처에 학교가 많이 일어났으나 신지식을 가진 교사가 부족한 때라, 당시 교육가로 이름 높은 최광옥까지 평양으로부터 초빙하여 안악 양산 학교에서 하계 강습회를 열었다. 여기에는 사숙에서 아이들을 가르치는 훈장도 강습생으로 오고, 백발이 성성한 노인들까지 배움을 얻으러 몰려들었다.

강습회가 끝난 뒤에 양산 학교는 크게 확장하여 중학부와 소학부를 두고 김홍량이 교장이 되었다. 나는 최광옥 등 교육가들과 함께 황해도 지역의 교육 총회를 조직하고, 내가 그 학무총감이 되었다. 황해도 내에 학교를 많이 세우고 그것을 잘 운영할 수 있도록 이끄는 것이 내 임무였다. 나는 이 사명을 띠고 황해도 각 군을 순회하는 길을 떠났다.

한 번은 송화 군수 성낙영의 초청을 받았다. 송화는 황해도 일대의 의병을 토벌하던 요충지이므로 읍내에 일본군 수비대, 헌병대, 경찰서, 우편국 등의 기관이 많았다. 그래서 군수가 써야 될 관사는 전부 그런 기관이 들어와 있고, 정작 군수는 일반 가정집을 빌려서 사무를 보고 있었다. 나는 이를 보고 분한 마음에 머리카락이 가락가락 일어날 지경이었다.

강연회를 여니 남녀 청중이 무려 수천 명이요, 군수 성낙영을 비롯하여 각 관청의 관리며 일본군 장교와 순사들도 많이 참석하였다. 나는 고종 황제의 사진을 모셔 오라 하여 강단 정면에 세워 놓고 청중에게 모두 일어나 고개를 숙이라 명하고, 일본군 장교들까지 다 그렇게 하도록 만들었다. 그러자 모두들 숙연해지며 장내에는 엄숙한 기운이 돌았다.

나는 '조선이 일본을 배척하는 이유가 무엇인가?' 하는 주제로 연설을 시작했다.

"과거 청일 전쟁이나 러일 전쟁 때에 우리는 일본에 대해 믿음을 가지고 있었습니다. 하지만 그 후에 일본이 을사 보호 조약같이 강제로 우리 나라의 주권을 침해하는 조약을 맺음으로써 우리는 나쁜 감정을 가지게 되었습니다. 어디 그뿐입니까? 일본군이 마을을 돌아다니며 남의 집에 막 들어가 닭이나 달걀을 빼앗는 등의 약탈을 자행하므로 우리는 일본을 배척하게 된 것이니, 이것은 일본의 잘못이 아닐 수 없습니다!"

나는 책상을 탁 치며 큰 소리로 외쳤다. 자리를 돌아보니 군수 성낙영은 낯빛이 흙빛이요, 일반 청중들은 몹시 긴장된 얼굴로 숨을 죽이고 있고, 왜놈들의 눈에는 노기가 등등하였다.

"모두 해산하라, 해산!"

갑자기 경찰이 강연회의 해산을 명하고, 나는 경찰서로 끌려갔다. 나를 위문하기 위해 각 학교 학생들이 밤새도록 찾아왔다.

이튿날 아침에 신문 기사를 보고 조선 침략의 원흉인 이등박문이 하얼빈 역에서 죽었다는 사실을 알았다. 그를 죽인 사람이 안중근이라는 것을 알고 십몇 년 전 내가 청계동에서 본 총 잘 쏘던 소년을 회상했다.

나는 내가 계속 잡혀 있는 것이 안중근 의거와 관련이 있다는 것을 알고 오랫동안 풀려나지 못할 것을 각오하였다. 나는 한 달이나 지난 후에 불려 나와 몇 마디 질문을 받고 해주 지방 법원으로 압송되었다.

얼마 후 나는 해주 감옥에 수감되었다. 이튿날 검사정에 불려 나가 안중근과 나와의 관계에 대한 질문을 받았다.

"난 그의 아버지인 안 진사와 오랜 친분이 있을 뿐이지, 안중근과 직접 아는 바가 없소!"

내가 이렇게 대답하자 검사는 지난 몇 년간의 내 행적을 적은 책을 내어 놓고 이것저것 심문하였으나 결국 불기소로 풀어 주었다.

나는 곧 안악으로 돌아왔다. 안악에 와서 나는 양산 학교 소학부의 유년반을 담임하면서 재령군에 있는 보강 학교의 교장일도 함께 보았다. 이 학교는 근처의 가난한 사람들이 힘을 모아서 세운 것이었다.

나라가 언제 망할지 모르는 판국이었지만 국민 중에는 망국이 무엇인지 모르는 이가 많았다. 이에 뜻있는 지사들이 한데 뭉쳐서 백성들을 일깨우고 기울어져 가는 나라를 바로 세우기 위해 비밀 운동을 크게 일으켰으니, 그것이 신민회였다. 안창호는 미국에서 돌아와서 평양에 대성 학교를 세우고 청년 교육 운동을 펼치는 한편, 양기탁, 안태국, 이승훈, 전덕기, 김홍량 등 몇 사람의 중심 인물과 4백여 명의 뜻있는 지사들로 신민회를 조직했던 것이다.

어느 날 서울에서 양기탁의 이름으로 비밀 회의를 할 터이니 출석하라는 통보가 왔다. 그 때 모인 사람은 양기탁과 이동녕, 안태국, 주진수, 이승훈, 김도희와 나 김구였다. 이 회의에서 나온 결론은 이러하였다.

"왜놈들이 서울에 총독부를 두었으니 우리도 서울에 도독부를 두고 각 도에 총감이라는 대표를 두어 나라의 기틀을 잡고, 만주에 동포들을 이주시킴과 동시에 무관학교를 세워 나중에 광복 전쟁에 쓸 장교를 양성하도록 하자!"

이리하여 각 도의 대표를 선정하니 황해도에 김구, 평안남도에 안태국, 평안북도에 이승훈, 강원도에 주진수, 경기도에 양기탁이었다. 대표들은 맡은 지방으로 급히 돌아가서 황해, 평남, 평북은 각각 15만 원, 강원은 10만 원, 경기는 20만 원을 보름 이내에 마련하기로 결정하였다.

안악으로 돌아와 김홍량에게 이번 비밀 회의에서 결정된 바를 말하니, 김홍량은 돈을 마련하기 위해 자기의 가산을 팔려고 내어 놓았다. 나는 다른 동지들에게도 비밀스레 회의 내용을 전달하고 일을 착착 진행시켰다.

그런데 어느 날 밤중에 안명근이 양산 학교 사무실로 나를 찾아왔다. 안명근은 안중근 의사의 사촌 동생이었다. 그는 내가 서울에서 비밀 회의에 참석하고 있는 동안에도 여러 번 찾아왔던 모양이다.

"김구 선생님, 독립 운동 자금을 낸다고 약속해 놓고 계속 미루기만 하는 부자들이 많습니다. 모두들 정신이 번쩍 나도록 이 곳 안악 부자들부터 총으로 위협하여 본보기를 보이고 싶은데 선생님이 좀 도와 주십시오!"

나는 곰곰이 생각한 뒤 그에게 물었다.

"이 일은 지금 신민회에서 진행하는 사업과 전혀 상관이 없고, 자네 혼자 독자적으로 하는 일이네. 자네는 그 돈을 걷어 정확히 어디다 쓸 작정인가?"

"우선 동지들을 많이 모아서 황해도 내의 전신과 전화를 끊을 계획입니다. 그러면 왜놈들이 서로 연락할 길이 막힐 터이니 그때 각지에서 들고일어나 자기 지방에 있는 왜놈들을 쳐죽이는 것입니다. 설령 다른 지방에서 대부대로 군대를 보내온다손 치더라도 닷새는 걸릴 것인즉, 그 동안만이라도 우리는 자유로운 세상에서 실컷 원수를 갚을 수 있지 않겠습니까?"

나는 안명근의 손을 꼭 잡고 진심으로 타일렀다.

"자네 심정은 다 이해하네. 자네의 사촌 형인 안중근이 당한 일을 생각하면 다른 사람과 달리 격분할 일이지만은 나라의 독립은 그런 한순간의 분풀이를 갚는다고 될 일이 아니네. 널리 동지들을 모으고 동포들을 가르쳐서 실력을 기른 뒤에 크게 싸울 날을 준비해야 하네."

이런 말로 그의 계획을 말리자 안명근은 내 말이 옳다는 듯 고개를 끄덕였다. 하지만 한편으로 자기의 생각과 같지 않은 것을 불만스럽게 여기는 표정이었다. 결국 그 만남이 있은 후 며칠 안 되어 안명근이 사리원에서 잡혀 서울로 압송되었다는 것이 신문에 났다.

해가 바뀌어 정월 초닷샛날 새벽, 아직 잠자리에서 일어나기도 전에 왜놈 헌병 하나가 찾아와 헌병 소장이 잠깐 만나자고 한다며 나를 데리고 갔다. 가 보니 벌써 김홍량, 한필호, 이상진 등 양산학교 직원들이 하나씩 불려와 있었다.

왜놈들은 며칠 후 우리를 서울 가는 차에 태웠다. 같은 차로 잡혀 가는 사람들 중에는 송화에 사는 신석충이란 진사도 있었는데, 재령강 철교를 지날 적에 차창으로 몸을 던져서 자살하고 말았다. 그는 황해도의 유명한 학자요, 자선가였다.

또 차 안에서 이승훈을 만났다. 그는 잡혀 가는 몸은 아니었으나 우리가 묶여 가는 것을 보고 차창 밖으로 고개를 돌리고 눈물을 흘리는 것이었다. 차가 용산역에 닿았을 때, 형사 하나가 황급

히 뛰어 올라오더니 이승훈을 보고,

"당신 이승훈 씨 아니오?"

하고 물었다. 그렇다고 하자 그 형사놈이,

"조사할 게 좀 있으니 함께 갑시다!"

하고는 차에서 내리자마자 우리와 같이 결박을 지어서 끌고 갔다. 나중에 알고 보니 황해도를 중심으로 수많은 애국자가 잡혀 왔다. 일본이 한국을 강제로 빼앗은 뒤에 그것을 아주 제 것으로 만들기 위해 애국자들을 모조리 없애 버릴 계획인 듯했다. 이를 위해 이제까지의 감옥만으로는 모자라 창고 같은 건물을 벌집 모양으로 칸막이를 해서 유치장을 만들어 놓고 우리를 잡아들인 것이었다.

나는 생각하였다. 평소에 나라를 위하여 온갖 정성과 힘을 다 기울이지 못한 죄로 이 벌을 받는 것이라고. 이제 남은 일은 고능선 선생의 가르침대로, 사육신이나 삼학사를 본받아 죽어도 왜놈에게 굴복하지 않는 것뿐이라고 결심하였다.

마침내 심문하는 날이 왔다. 심문하는 왜놈이 나의 주소와 성명 등을 묻고 나서 말했다.

"네가 어찌하여 여기 왔는지 아느냐?"

"잡아오니 끌려왔을 뿐이지, 난 무슨 이유인지 모른다!"

내가 한 치도 굴함이 없이 당당하게 대답하자 더 묻지도 않고 다짜고짜 내 손발을 묶고 천장에 매달았다. 처음에 매우 고통스러웠으나 차차 정신을 잃었다. 그러다가 정신이 들어 보니 나는 고

요한 겨울 달빛을 받고 심문실 한구석에 누워 있었는데, 얼굴과 몸은 냉수를 끼얹었던 감각만 느껴질 뿐이요, 그 동안 무슨 일이 있었는지 전혀 기억이 나지 않았다. 내가 정신을 차리는 것을 보고 왜놈이 다시 물었다.

"너는 안명근과 무슨 관계인지 말하라!"

"난 안명근과 서로 아는 사이지만 같이 일을 한 적은 없다."

내 대답이 끝나자 왜놈은 와락 성을 내더니 다시 나를 묶어 천장에 매달았다. 그러고는 세 놈이 둘러서서 막대기로 수없이 내 몸을 후려갈기니 나는 또 정신을 잃었다. 세 놈이 나를 끌어다가 유치장에 누일 때에는 벌써 훤하게 날이 밝은 때였다. 어제 해질 녘에 시작한 심문이 오늘 해 뜰 때까지 계속된 것이었다.

이렇게 악형을 받은 것은 나뿐이 아니었다. 옆방에 있는 김홍량, 한필호, 안태국, 안명근 등도 심문을 받으러 끌려갈 때에는 기운차게 제 발로 걸어 나갔지만, 왜놈에게 혹독한 고문을 받고 유치장으로 돌아올 때에는 언제나 초죽음이 되어 있었다. 그것을 볼 때마다 나는 분노가 치밀어 참을 수가 없었다.

한 번은 안명근이 소리소리 지르면서,

"이놈들아, 죽일 때 죽이더라도 애국 의사의 대접을 이렇게 한단 말이냐?"

하고 호령하는 사이사이에,

"나는 내 말만 하였고, 김구 김홍량 등은 관계가 없다고 하였소."

라는 말을 끼워서 우리의 귀에 넣어 주었다.

우리들은 감방에서 서로 소식을 주고받는 방법을 터득했다. 양기탁의 방에서 안태국의 방과 내가 있는 방으로 소식을 잇는 식으로 좌우 20여 개의 방이 몰래 소식을 전하는 것이었다. 이렇게 소식을 비밀스레 주고받는 것을 통방이라고 했는데, 우리는 통방을 통해 사건의 범위를 줄여서 되도록 동지의 희생을 적게 하기로 입을 모았다.

그런데 왜놈들은 심문이 진행됨에 따라서 점점 사건의 범위가 축소되는 것을 보고 의심이 났던 모양이다. 우리 중에서 한순직이란 자를 살살 꾀어서 우리가 비밀스레 주고받는 내용을 일러바치게 했다.

어느 날 양기탁이 밥 받는 구멍을 통해 우리의 통방을 한순직이 밀고하니 이후로는 통방을 하지 말자는 뜻을 전했다. 전에 안명근이 한순직을 내게 소개할 때 그는 용감한 청년이라고 칭찬하더니 이 꼴이었다. 어찌 한순직뿐이랴, 최명식도 악형에 못 이겨서 왜놈들이 시키는 대로 없는 사실을 자백하였으나 나중에 후회하여 긍허(兢虛, 거짓을 삼가라)라는 호를 지어서 평생 스스로를 뉘우쳤다. 그 때는 내 혀끝이 어떻게 움직이느냐에 몇 사람의 생명이 달렸으므로 나는 단단히 결심을 하였다.

하루는 또 불려 나가서 내 평생의 지기가 누구냐고 묻기에 나는 서슴지 않고 대답했다.

"오인형이 내 평생의 지기다!"

전에는 아무리 다른 사람의 이름을 캐물어도 대답을 않던 내가 평생 지기의 이름을 말하자 왜놈들은 매우 반가워하는 낯빛으로,

"그래, 그 사람이 어디서 무엇을 하느냐?"

하고 묻고는 정신을 바짝 차리고 내 대답을 기다리는 것이었다. 이에 나는 천연덕스럽게 대답했다.

"오인형은 장연에 살던 사람인데 몇 년 전에 죽었다."

이 말에 왜놈들은 크게 노하여 또 내가 정신을 잃도록 악형을 가했다.

한 번은 학생 중에서 누가 가장 너를 잘 따르느냐고 하는 질문에 무심결에 내 집에 와서 공부하고 있던 최중호의 이름을 말한 뒤 내 혀를 물어 끊고 싶었다.

'젊은 것이 잡혀 와서 곤욕을 치르겠구나!'

이렇게 아픈 가슴을 쓸어내리며 창 밖을 바라보니 언제 잡혀 왔는지 반쯤 죽은 최중호가 왜놈에게 끌려가는 것이 보였다. 이렇듯 진고개 끝 남산 기슭에 있는 경무 총감부에서는 밤이나 낮이나 마치 도살장에서 소나 돼지를 때려잡는 것 같은 소리가 끊임없이 들렸으니, 이것은 우리 애국자들이 왜놈에게 악형을 당하는 소리였다.

하루는 최고 심문실이란 곳으로 끌려갔다. 아뿔싸, 누가 생각이나 했으랴! 17년 전 내가 인천 경무청에서 심문을 당할 때에 방청석에 앉았다가 내가 호령하는 바람에 "칙쇼, 칙쇼." 하고 뒷방으로 도망치던 와타나베 순사놈이 나를 심문하려고 앉아 있을 줄이야! 그놈은 전과 같이 검은 수염을 길러 늘이고 있었으나, 낯바닥에는 약간 나이든 티가 났으며 이제는 경무 총감부의 기밀과장이란 자리에 앉아 있었다.

와타나베란 놈이 나를 보고 이렇게 첫마디를 던졌다.

"내 가슴에는 엑스 광선이 있어서 사람을 척 보면 그 사람이 살아온 인생과 가슴속에 품은 비밀을 소상히 다 알 수 있다. 그러니 터럭만큼도 숨김없이 다 자백을 하면 모르되 만일에 하나라도 숨기는 것이 있으면 이 자리에서 때려죽일 것이다!"

와타나베는 주먹으로 책상을 쾅 치며 엄포를 놓았다. 그러나 놈의 엑스 광선은 내가 17년 전 인천 감옥의 김창수인 줄은 모르는 모양이었다. 몇 년 전 해주 검사국에서 검사가 보고 있던 『김구』라는 책자에도 내가 치하포에서 왜놈을 죽인 것과 인천 감옥에서 사형 정지를 받고 탈옥한 것은 적혀 있지 않았던 것처럼 이번 사건의 기록에도 그것이 빠진 게 틀림없었다.

'음…… 그리고 보면 내 일을 일러바치는 조선인 형사와 정탐들도 그 일만은 빼고 보고를 한 모양이군. 그들이 비록 왜놈의 손발 노릇을 한다 하더라도 역시 마음 한구석에는 조선인의 혼이 남아 있는 게야!'

나는 기뻤다. 나라는 망하였으나 민족은 망하지 않았다.

'왜놈 밑에서 형사질을 하는 조선인의 마음에도 애국심은 남아 있으니 우리 민족은 결코 망하지 않으리라. 형사들까지도 나를 이처럼 감싸 주었으니 나로서는 최후의 순간까지 동지를 위하여 싸우고 원수의 말에 따르지 않으리라!'

이런 결심을 하고 있을 때, 와타나베가 나의 경력을 물었다. 나는 당당하게 대답했다.

"나는 어려서 농사를 짓다가 몇 년 전부터 종교와 교육 사업을 하고 있다. 현재 안악에서 양산 학교의 교장으로 있는바, 모든 일을 다 드러내 놓고 하고 숨어서 하는 것이 전혀 없다."

내가 이렇게 대답하자 와타나베는 와락 성을 냈다.

"뭐라고? 네가 종교와 교육에 힘쓴다는 것은 다 핑계거리에 불과하고 실제로는 여러 가지 음모를 꾸미고 있는 것을 다 알고 있다. 네가 안명근과 총독을 암살할 음모를 꾸미고 서간도에 무관 학교를 설치하여 독립 운동을 준비하려고 부자들의 돈을 강탈한 사실을 모를 줄 아느냐!"

와타나베는 고함을 치며 나를 위협하였다. 하지만 나는 눈도 꿈쩍 않고 말했다.

"나는 안명근과는 전혀 관계가 없고 서간도에 사람을 이주시키려고 한 것은 사실이나 이것은 가난한 농민에게 생활의 근거지를 마련해 주자는 것일 뿐이다. 쓸데없이 사람 괴롭히지 말고 학교 개학날도 벌써 넘었으니 속히 가서 학교 일을 보게 해 달라!"

내 말에 와타나베는 여전히 분이 풀리지 않는 얼굴이었으나 악형을 가하지는 않고 유치장으로 그냥 돌려보냈다.

나는 그 때까지 일곱 번 심문을 받았는데 와타나베를 만났을 때를 제외하고 여섯 번은 번번이 악형을 당해 정신을 잃었다. 그러나 악형을 받고 유치장으로 끌려 돌아올 때마다 나는 소리 높여 외쳤다.

"나의 목숨은 너희가 빼앗아도 나의 정신은 결코 빼앗지 못하리라!"

이 소리를 듣고 동지들의 마음이 풀어지지 않도록 하려는 것이었다. 내가 이렇게 소리치면 왜놈들은 '나쁜 말을 하면 혼날 줄 알라!'고 위협했다.

하지만 동지들은 내 말을 듣고 다소나마 위안을 얻었을 줄 믿는다. 또한 나는 김홍량이 나보다 활동할 능력도 많고 인물의 품격도 높으니 나를 희생해서라도 그를 살리리라, 결심하고 심문을 받을 때에도 내게 불리할지언정 그에게는 유리하게 답변하였다.

여덟 번째 심문이 있던 날은 여러 명의 왜놈들이 둘러앉아 있었다. 이놈들이 나를 향해 이렇게 말했다.

"네 동지들이 다 자백을 했는데 네놈 한 놈이 자백을 하지 않으니 참 어리석고 완고한 놈이다. 네가 아무리 입을 다물고 있어도 다른 놈들이 실토하면 네 죄가 다 밝혀진다. 한번 잘 생각해 보아라. 새로 땅을 산 주인이 밭에 거추장스러운 돌멩이를 추려 내지 않고 그냥 둘 것 같으냐? 일본도 마찬가지다. 조선을 우리 손에 넣었으니 일본에 저항하는 자는 그냥 두지 않을 것이다. 그러니 바른대로 말을 하면 모르지만 쓸데없이 고집을 부리면 이 자리에서 네놈을 때려죽일 테니 그리 알아라!"

이 말에 나는 발끈 성을 내며 말했다.

"오냐, 이제 잘 알았다. 내가 너희가 새로 산 밭의 돌이라면 그

것은 맞는 말이다. 너희가 나를 돌로 알고 파내려는 노력보다 파여 나가는 내 고통이 더 심하니, 굳이 너희들의 손을 빌릴 것도 없이 나 스스로 내 목숨을 끊어 버릴 테니 잘 보아라!"

이렇게 소리치고 옆에 있는 기둥에 머리를 받고 정신을 잃었다. 여러 놈들이 인공호흡을 한다, 얼굴에 냉수를 뿜는다 하며 소란을 떠는 중에 내가 다시 정신이 들었다. 이 때 여러 놈들 중에서 한 놈이 능청스럽게 말했다.

"김구는 조선인 중 존경을 받는 인물이니 이같이 대우하는 것은 마땅치 않소. 그러니 저에게 맡겨 주시기 바라오."

이 말에 여러 놈들이 즉시 승낙을 했다. 승낙을 얻은 놈이 나를 자기 방으로 데리고 갔다. 그놈은 내게 담배를 주고 좋은 말도 쓰며 융숭하게 대접하면서 얘기했다.

"내가 황해도에 출장 가서 당신에 대해 조사해 봤소. 그랬더니 당신은 교육에 매우 열심이라 월급을 받거나 못 받거나 학교 일에 충실하며, 모두들 정직한 사람이라고 칭찬을 하는데 경무 총감부에서 당신을 잘 모르고 악형을 많이 한 모양이니 대단히 유감스러운 일이오. 심문을 하는 데는 이렇게 할 사람과 저렇게 할 사람이 따로 있는데 당신같이 훌륭한 사람에게 악형을 가한 것은 큰 잘못이오."

그는 이런 식으로 아주 뻔뻔스럽게 듣기 좋은 소리를 늘어놓았다.

왜놈들이 우리 애국자들의 자백을 받아 내기 위하여 하는 수법은 대개 세 가지로 구별된다. 첫째는 악형이요, 둘째는 밥을 굶기는 것이요, 셋째는 매우 융숭한 대접을 하는 것이다.

　악형에는 회초리와 막대기로 전신을 두들긴 뒤에 다 죽게 된 사람을 의자 위에 올려 세우고 붉은 오랏줄로 뒷짐 결박을 지워서 천장에 있는 쇠갈고리에 달아 올린 다음, 의자를 빼내는 것이 있다. 그러면 사람이 대롱대롱 공중에 매달리게 된다. 이 상태로 얼마간이 지나면 사람은 고통을 못 이겨서 정신을 잃어버린다.

　그런 뒤에 사람을 끌어내려 얼굴과 몸에 찬물을 끼얹으면 다시 정신이 깨어난다. 나는 왜놈들에게 매를 맞을 때 내복 위로 맞으니 덜 아프다고 호령하여 언제나 내복을 벗어 버리고 맞았다.

그 다음의 악형은 화로에 쇠꼬챙이를 달군 다음 그것으로 벌거벗은 사람의 몸을 막 지지는 것이다.

그 다음의 악형은 세 손가락 사이에 손가락만 한 모난 막대기를 끼우고 그 막대기 두 끝을 노끈으로 꼭 졸라매는 것이다. 그 다음은 사람을 거꾸로 매달고 코에 물을 붓는 것이다.

그러나 이러한 악형을 당하면 악을 써 가며 참을 수 있지만 이보다 더 견디기 어려운 것은 굶기는 벌이다. 밥을 부쩍 줄여 겨우 죽지 않을 만큼 먹이는 것이다. 이렇게 배가 고플 대로 고픈 때에 옆에서 다른 죄수들이 차입밥으로 먹는 고깃국과 김치 냄새를 맡을 때에는 미칠 듯이 먹고 싶다. 차입밥이란 밖에서 가족이나 친지가 넣어 주는 밥을 말하는데, 나는 아내가 나이가 젊으니 몸을 팔아서라도 맛있는 음식을 들여보내 주었으면 좋겠다는 생각까지도 했다. 개화 지식인인 박영효의 아버지가 옥중에서 섬거적을 뜯어 먹다가 죽었다는 말이며, 옛날에 소무라는 사람이 전(짐승의 털로 짠 옷감)을 씹어 먹으며 19년 동안 절개를 지켰다는 글을 떠올렸다. 나는 배가 고파서 사람의 마음을 잃고 짐승의 성품만이 남은 것이 아닌가 하고 자책하였다.

차입밥! 얼마나 반가운 것인가. 그러나 왜놈들은 원하는 자백을 하지 않으면 차입을 허락하지 않았다.

참말이든 거짓이든 저희들의 비위에 맞는 답변을 해야만 차입을 허락하는 것이다. 그렇기 때문에 나는 끝끝내 차입을 못 받았

다. 식사 때가 되면 아내가 큰 소리로,

"김구 밥 가져왔어요."

하고 소리치는 것이 들렸다. 그 때마다 왜놈들은,

"김구가 나쁜 말을 해서 차입을 들일 수 없소이다."

하고 물리치는 소리가 들렸던 것이다.

그러나 배고픈 것보다 더 견디기 어려운 것이 있으니 그것은 극진한 대접이었다. 내가 아내를 팔아서라도 맛있는 것을 실컷 먹고 싶다고 생각할 때 경무 총감이 방으로 나를 불러들여 극진히 우대하였다.

사람을 짐승처럼 다루며 악형을 가하는 데 진절머리가 났던 나에게 이러한 우대가 기쁘지 않은 건 아니었다.

경무 총감 놈이 내게 한 말의 대강은 이러하였다. 내가 일본에 대한 충성만 표시하면 즉각 자기가 총독에게 보고하여 옥살이를 면하게 할 터이요, 또 일본이 조선을 통치할 때 순전히 일본인만을 쓰는 것이 아니다, 덕망 높은 조선의 인물을 얻어 정치를 하려고 하니 그대같이 훌륭한 인품을 가진 사람이 일본을 도와 주고, 안명근 사건에 대한 것도 사실대로 자백하라는 것이었다. 이에 나는 총감에게 똑똑히 말했다.

"당신이 나의 훌륭한 인품을 인정한다면 지금까지 내가 심문하면서 한 얘기를 그대로 믿으면 될 것이오!"

이 말을 들은 총감은 짐짓 점잖은 척하고 있었으나 낯빛이 좋지 않았다.

이런 일이 있은 뒤에 내가 당장에 때려죽인다고 으름장을 놓다가 이놈의 방으로 끌려 들어온 것이었다. 녀석은 이런저런 얘기를 지껄이더니 전화로 국수장국에 고기를 많이 넣어서 가져오라고 한 뒤 그것을 내 앞에 놓고 먹기를 청했다. 나는 나를 무죄로 한다면 그 음식을 먹겠지만 나를 유죄로 한다면 입에 대지 않겠다고 하고 숟가락을 들지 않았다. 그러자 그놈이 말했다.

"김구 씨는 내게 동정심이 없지만 나는 김구 씨에게 동정심이 간단 말이오. 그래서 변변치 않지만 대접을 하는 것이니 식기 전에 어서 드시오."

그래도 내가 사양을 하자 웃으면서,

"혹시 음식에 독이 들었을까 의심이 나서 그러시오? 이제 심문도 다 끝났고, 오늘부터는 차입도 허락할 것이오."

하고 말했다. 나는 독을 넣었다고 의심하는 게 아니라고 대답하고 그 장국을 말아 먹고 내 방으로 돌아왔다. 그 날 저녁부터 차입밥이 들어왔다.

나와 같은 방에 이종록이라는 청년이 있었는데 그는 따라온 친척이 없어서 차입밥을 넣어 줄 사람이 없었다. 내가 그와 한 방에서 먹으면 나누어 줄 수도 있겠지만 차입밥은 딴 방으로 불러내어 먹이기 때문에 그럴 수가 없었다. 그래서 나는 밥과 반찬을 한입 가득 물고 방에 돌아와서 제비가 새끼에게 먹이듯이 입에서 입으로 옮겨 먹었다. 그러나 그것도 한 때밖에 할 수 없었다. 왜냐하면 이튿날 나는 종로 구치소로 넘어갔기 때문이다. 방은 혼자 있는 독방이라 심심하였지만 모든 것이 총감부보다는 편하고, 거기서 주는 밥도 총감부보다 훨씬 나았다.

내 사건을 곧이곧대로 처리하면 보안법 위반으로 최고 형량이 징역 1년밖에 되지 않을 것이므로 왜놈들은 나를 억지로 안명근 사건에 끌어다 붙이려고 하였다. 내가 '억지로'라고 하는 데는 그만한 이유가 있다.

내가 서울 양기탁의 집에서 서간도로 동포들을 이민시키고 무관학교를 세울 계획을 의논하던 그 날이 바로 안악에서 안명근, 김홍량 등이 부자들에게 돈을 뜯어 낼 궁리를 했다고 왜놈들이 우기는 그 날이었다. 때문에 나는 도저히 안악에서 한 회의에는 참석할 수 없는 몸이었다. 그렇지만 안악 양산 학교 교직원의 아들인 이원형이라는 14살짜리 어린아이를 협박하여 내가 그 자리에 참석한 것을 보았다고 거짓 증언을 시켜서 나를 안명근 사건에 옭아 넣었다. 억울한 것이 비단 나뿐만이 아니었지만 5백 리 밖에서 다른 회의에 참석했다고 죄를 뒤집어씌운 놈들이 같은 날 안악의 회의에도 참석했다고 하는 것은 요술이라고 할 수밖에 없다.

나는 심문을 받을 때 옆방에서 이원형 소년이 심문받는 소리를 분명히 들었다.

"너는 안명근과 김구가 그 자리에 있는 것을 분명히 보았지?"

하고 왜놈이 물으니 소년은,

"나는 안명근이라는 사람이 누군지 얼굴도 모르고, 김구는 그 자리에 없었소."

하고 사실대로 대답하였다. 이 때 옆에서 조선인 형사가,

"이 미련한 놈아, 안명근도 김구도 그 자리에 있었다고만 하면 너의 아버지를 따라 집에 돌려보낼 테니 시키는 대로 대답해!"

하고 윽박지르자 소년은 겁먹은 목소리로 말했다.

"그러면 그렇게 할 테니 제발 때리지 마세요."

검사정에서도 이원형을 불러들였으나 소년이 "네" 하고 대답하자마자 곧바로 문 밖으로 데리고 나갔다. 더 이상 다른 말이 나올까 두려웠던 것이다. 내가 5백 리를 사이에 두고 같은 날 회의에 참석한 김구를 만드느라고 매우 고생이 많다고 검사에게 말했더니, 검사는 그 말에 대답도 않고 서둘러 심문을 끝내 버렸다. 나는 분하고 억울하기 그지없었다.

어머니는 안악에 있던 가산을 다 팔아 가지고 내 옥바라지를 하기 위해 서울로 올라왔다. 내 아내와 딸 화경이는 평산 처형네 집에 들렀다가 공판날이 되어서 오기로 했다고 한다.

어머니께서 손수 담으신 밥그릇을 열어 밥을 떠먹었다. 이 밥에 어머니의 눈물이 스며 있겠구나, 하고 생각하니 눈앞이 흐려졌다. 18년 전 해주와 인천에서 옥바라지를 하실 때는 아버지와 두 분이 함께 고생을 나누었지만 이제는 어머니 혼자이셨다. 어머니께 도움이 되기는커녕 고생만 시켜 드리니 죄스럽기 한이 없었다.

그럭저럭 공판날이 되었다. 죄수를 태우는 마차에 타고 경성 지방 재판소 문 앞에 다다르니 어머니께서 화경을 업으시고 아내를 데리고 거기 서 계셨다.

우리는 2호 법정이라는 데로 끌려갔다. 법정 피고인 자리에는 안명근을 중심으로 김홍량, 김구, 이승길, 최명식, 한순직, 김용제, 도인권 등 모두 열다섯 명이 늘어앉고, 방청석을 돌아보니 피고인의 친척, 친지와 남녀 학생들이 와 있었다.

드디어 판결이 시작되었다. 안명근은 징역 종신형을 선고받았고, 그 외의 사람들은 죄목에 따라 15년부터 6개월까지 각각의 형량이 떨어졌다. 김홍량과 나 김구는 강도로 15년, 보안법으로 2년 합하여 모두 17년 징역살이를 하게 되었다.

판결이 확정되자 우리는 종로 구치소를 떠나 서대문 감옥으로 넘어갔다.

'징역 5년이나 7년까지만 되더라도 세상에 나갈 희망이 있지만 징역 17년이 되면 살아서 나갈 희망이 거의 없다. 그러므로 비록 내 몸이 왜놈의 포로가 되어 징역을 살고 있더라도 정신만은 왜놈을 짐승같이 여기고 쾌활한 마음으로 생활하자!'

나는 속으로 이런 다짐을 했다. 다른 동지들의 생각도 나와 마찬가지였다.

옥중에 있는 동지들은 대개 아들이 있었으나 나는 딸 화경이 하나가 있을 뿐이었다. 김용제 군은 아들이 4형제나 되기 때문에 셋째 아들로 하여금 내 뒤를 잇게 하겠다고 허락하였다. 나는 동지의 뜻을 고맙게 받았다.

여기서 또 한 가지 나로 하여금 희망을 갖게 한 것이 있었다. 그것은 일본이란 나라가 내가 잡혀 오기 전에 생각했던 것같이 크고 무서운 나라가 아니라는 것을 직접 경험한 것이었다. 아래로는 말단 형사, 순사로부터 위로는 경무 총감까지 만나 보는 동안 모두 변변치 못한 인간들이요, 대국민다운 인물은 하나도 없었다. 가슴에 엑스 광선이 있어서 내 속과 삶의 과정을 다 뚫어본다고 큰소리를 치면서도 내가 17년 전의 김창수인 줄도 몰라보고 깝죽대는 와타나베야말로 일본을 대표하는 인물 같았다.

'일본의 운수는 길지 못하다. 따라서 일본은 우리 조선을 결코 제 나라로 만들지 못할 것이다!'

나는 이렇게 단정하고 우리 민족의 장래에 대해 비관하지 않게 되었다. 물론 허위, 이강년 같은 큰 애국 지사의 부하로 의병 활동을 하다 들어왔다는 사람들이 인물로나 식견으로나 보잘것없는 것을 보고 낙심을 한 적도 있었다. 그러나 안중근 같은 의사의 동지로 잡혀 온 사람들의 애국심이 불 같고 정신이 씩씩한 것을 볼 때 교육만 잘하면 우리 민족은 좋은 국민이 될 것으로 믿었다. 저 무지한 의병들이 10년, 15년의 징역형을 받을지언정 일본에 복종하는 백성이 되지 않은 것만도 고맙고 존경할 일이라고 생각하였다.

옥에 있는 동안 나는 조금씩 달라지기 시작했다. 나는 지난 10여 년 간 예수의 가르침을 따라서 무엇이든 나 자신을 탓할망정 남을 절대 원망하지 않고, 남의 허물까지도 내 잘못으로 용서하는 너그러움을 가지고 있었다. 그러나 이제는 그것이 바뀌어 일본에 대한 것이면 무엇이든 미워하고 반항하고 파괴하려는 마음이 생긴 것이었다. 나는 아침저녁으로 다른 죄수들과 같이 왜놈 간수에게 절을 하는 것이 무척 괴롭고 부끄러웠다.

'다른 죄수들은 대의를 몰라서 그렇다손 치더라도 나는 고능선 선생에게서 지조 있고 의롭게 사는 길을 배운 사람이 아닌가!'

마음 속으로부터 늘 이렇게 스스로의 양심을 때리는 소리가 들렸다.

'그 동안 나는 내 손으로 밭 갈고 길쌈한 적 없이 오늘까지 잘 먹고 입고 살아왔다. 그 먹은 밥과 입은 옷이 누구에게서 나온 것이냐. 바로 우리 조선에서 나온 것이 아니냐. 나라가 나를 오늘날까지 먹이고 입힌 것이 왜놈에게 순종하여 콩밥이나 얻어먹으라고 한 것이 아니다. 내가 조선의 밥을 먹고 옷을 입고 살아왔으니, 이 수치를 참고 살아나서 앞으로 17년 후에 이 은혜를 갚을 공을 세울 수가 있겠는가!'

내가 이런 고민으로 괴로워할 때 안명근이 말했다.

"나는 굶어 죽기로 결심했습니다."

이 말에 나는 서슴지 않고,

"할 수 있거든 그렇게 하시오."

하고 힘주어 말했다. 그 날부터 안명근은 배가 아프다는 핑계를 대고 밥을 먹지 않았다. 4, 5일이 지나자 기운이 탈진하였다. 감옥에서는 의사를 불러 진찰을 하게 하였지만 병이 있을 리 없었다. 그제야 눈치를 챈 왜놈들이 안명근을 결박하여 강제로 입을 벌리고 밥을 먹어 죽으려는 목숨을 억지로 살려놓았다. 여기서는 마음대로 죽을 자유조차 없었다. 얼마 후 안명근은 다시 밥을 먹게 되었다고 내게 알렸다.

우리가 서대문 감옥으로 넘어온 지 얼마 지나지 않아 중대한 사건이 생겼다. 그것은 전국에서 7백여 명의 애국자들이 '총독 암살 음모'라는 맹랑한 죄목으로 잡혀 들어와 경무 총감부에서 우리가 당한 악형을 다 겪은 뒤에 105명이 공판에 회부된 사건이다. 이를 '105인 사건'이라고도 하고 '신민회 사건'이라고도 한다. 이미 징역형을 살고 있는 우리들 중에서 양기탁, 안태국 등은 그 사건 때문에 다시 붙들려 갔다.

내가 감옥을 산 지 7, 8개월 만에 어머니가 면회를 오셨다. 주먹 하나 드나들 만한 구멍이 '딸깍' 하고 열리기에 내다보니, 어머니가 서 계시고 그 곁에서 왜놈 간수 하나가 지키고 있었다.

"애야, 나는 네가 큰 벼슬을 하는 것보다 더 기쁘다. 면회는 한

사람밖에 못 한다고 해서 네 아내와 화경이는 저 밖에 와 있다. 우리 세 식구는 잘 있으니 염려 말고 네 몸이나 잘 돌보거라. 밥이 부족하거든 하루 두 번씩 차입밥을 넣어 주마."

어머니는 목소리 하나 떨리지 않고 아주 태연한 표정이었다. 이렇듯 씩씩하고 굳건한 어머니께서 나를 면회하려고 왜놈에게 고개를 숙이고 청원하셨을 것을 생각하니 죄스럽기도 하고 한편으로 분하기도 하였다.

우리 어머니야말로 참말로 거룩한 분이다! 17년 징역형을 받은 아들을 대하면서 어쩌면 저렇게 태연하실 수가 있을까! 그러나 면회를 마치고 돌아가실 때에는 아마도 눈물이 앞을 가려 걸음도 제대로 못 걸었을 것이다.

　어머니가 하루에 두 번씩 넣어 주는 차입밥을 한 번은 내가 먹고, 한 번은 다른 죄수에게 번갈아 나누어 주었다. 그들은 받아 먹을 때에는 평생 그 은혜를 잊지 않을 것처럼 굽신거렸지만 다음 번에 저를 주지 않고 다른 사람을 줄 때에는 내게 욕설을 퍼붓기도 했다. 그러면 그 때 밥을 얻어먹는 죄수가 나서서 내 편을 들다가 마침내 툭탁거리고 싸움이 벌어지는 바람에 둘 다 간수에게 흠씬 얻어맞는 일도 있었다. 나로서는 좋은 일을 한다고 한 것이 도리어 나쁜 일이 되고 말았다.

　내가 처음 서대문 감옥에 들어갔을 때에는 먼저 들어온 패들이 나를 멸시하였으나 소위 국사범이란 것이 알려지면서부터 대접이 변했다. 국사범이란 보통 죄수들과 달리 나라를 위해 의로운 일을 하다가 잡혀 온 사람을 말한다. 또한 매국노 이완용을 찔러죽이려다 실패한 이재명 의사의 동지들이 나를 우대하는 것을 보고 다른 죄수들도 나를 어려워하게 되었다. 그들은 모두 학식 있고 일본어에 능통하여 죄수와 간수 사이에 무슨 일이 생기면 통역을 하기 때문에 죄수들 사이에서 힘이 있었던 것이다.

　어느 날 문득 나는 함께 판결을 받고 징역을 살고 있는 최명식이 보고 싶었다. 그런데 최군은 그 때 옴이 올라서 옴 방에 따로

갇혀 있었다. 옴이란 일종의 피부병으로 전염성이 강했다.

'나도 옴이 생기면 최군과 같이 있게 되겠군!'

이렇게 생각하고 일부러 옴을 만들기로 작정했다. 의사의 순회가 있기 30분 전쯤 철사 끝으로 손가락 사이를 꼭꼭 찔러 놓으면 그 자리가 볼록볼록 부르트고 말간 진물이 나와서 천상 옴으로 보였다. 이것은 내가 감옥살이에서 배운 부끄러운 재주였다.

이 속임수는 성공했다. 나는 옴 방으로 옮겨져 최명식을 만날 수 있었다. 반가운 김에 밤이 늦도록 둘이 이야기를 하다가 간수 놈 하나에게 들켰다. 그놈이 누가 먼저 말을 했냐고 묻기에 내가 먼저 걸었다고 했다. 그랬더니 나를 창살 밑으로 나오라고 하여 세워 두고 곤봉으로 사정없이 때렸다. 나는 비명도 지르지 않고 그대로 매를 맞았으나 이 때 내 왼쪽 귀 위쪽의 연골이 상하여 그 흉터가 지금도 남아 있다. 그러나 다행히 최군은 용서해 주고,

"또 이야기하면 때려 줄 테다!"

하고는 물러갔다.

감옥에서 이렇게 가혹한 대우를 하기 때문에 죄수들은 더욱 거칠어진다. 그래서 작은 죄를 저지르고 들어온 사람을 더 큰 죄를 저지를 수 있는 사람으로 만든다. 그래서 만기가 되어 출옥했던 자들 중에 다시 들어오는 경우를 가끔 보았다. 민족적 반항감이 강한 우리를 왜놈들은 도저히 감화시킬 수 없겠지만 우리 민족이 독립된 나라에서 감옥을 다스린다면 단지 남의 나라를 모방할 것

이 아니라 우리의 독특한 제도를 만들 필요가 있다.

즉, 대학 교수의 자격이 있는 자를 감옥의 간수로 쓰고, 죄인을 단지 죄인이 아니라 백성 중에서 극히 불행한 사람으로 보고 착한 사람으로 만들기에 힘써야 한다. 또 사회에서도 죄수들을 무조건 멸시할 것이 아니라 대학생처럼 대우한다면 반드시 좋은 효과가 있으리라고 믿는다.

왜놈의 감옥 제도는 작은 죄인을 큰 죄인으로 만들뿐더러 사람의 자존심과 도덕심을 마비시킨다. 예를 들면 죄수들은 어디서 무엇을 도둑질하던 이야기, 누구를 어떻게 죽이던 이야기를 부끄러워하기는커녕 도리어 자랑삼아 하고 있다. 그것도 처음 보는 사람한테 아무런 거리낌없이 뻔뻔스럽게 말하는 것을 보면 그들은 분명 감옥에 들어와서 부끄러워하는 감정을 잃어버린 것이다. 사람이 부끄러움을 잃을진대 무슨 짓을 못하랴. 부끄러움을 잃으면 짐승과 다름이 없을 것이니 감옥이란 이런 곳이 되어서는 안 된다.

하루는 일을 하고 있는데 일본 천황이 죽었다는 소식과 함께 대사면령이 있었다. 이 때문에 나는 형량이 줄어 7년이 되었다. 그 뒤 또 얼마 지나지 않아 천황의 아내가 죽었다고 하여 형량이 줄어들어 5년이 되었다.

이 때 종신형을 받았던 안명근은 20년으로 줄어들었다. 하지만 그는 이렇게 항거하였다.

"차라리 형량을 더하여 사형을 받을지언정 감형은 받지 않겠다!"

그는 이렇게 버티었지만 형량은 죄수 맘대로 할 수 있는 것이 아니기 때문에 20년으로 감형이 되고 말았다.

나는 연거푸 감형을 당하여 이미 징역을 산 3년을 제외하면 나머지 형기가 2년밖에 되지 않았다. 이 때부터 세상에 나가서 활동할 희망이 생겼다. 그러나 한편으로는 은근히 걱정이 되었다.

'세상에 나가면 무슨 일을 할까? 지사들이 감옥에서 나가면 왜놈에게 순종하여 구질구질하게 사는 경우가 많다는데……!'

하지만 나는 왜놈에게 끝까지 저항하며 살아가리라 굳게 결심했다. 나는 그 결심의 표시로 내 이름 김구(金龜)를 거북 구(龜)자 대신 아홉 구(九)자를 써서 김구(金九)라고 고쳤다. 그리고 호를 백범(白凡)이라고 지어서 옥중의 동지들에게 알렸다.

이름을 고친 것은 왜놈의 국적에서 벗어나자는 뜻이요, '백범'이라 호를 지은 것은 우리 나라에서 가장 천하다는 백정과 무식한 범부까지 전부가 적어도 나만 한 애국심을 가진 사람이 되게 하자는 내 소망을 담은 것이다. 우리 민족의 애국심과 지식 수준을 그만큼이라도 높이지 않고서는 완전한 독립국이 될 수 없다고 생각한 것이다. 나는 감옥에서 뜰을 쓸고 유리창을 닦을 때마다,

'우리 나라가 독립하여 정부가 생기거든 그 집의 뜰을 쓸고 유리창을 닦는 일을 해 보고 죽게 하소서!'
하고 하느님께 빌었다.

이 무렵 나는 갑자기 인천 감옥으로 옮겨 가게 되었다. 나는 그

원인을 알았다. 내가 서대문 감옥 제2 과장 왜놈하고 싸운 일이 있었는데, 그 보복으로 그놈이 나를 인천 감옥으로 보낸 것이다. 거기서는 죄수들에게 강제로 항구를 만드는 힘든 일을 강제로 시켰다.

 여러 동지가 있는 서대문 감옥과 작별하고 쇠사슬에 묶여 인천으로 끌려갔다. 아, 인천 감옥…… 그 옛날 옥문을 깨뜨리고 도망친 지 17년 만에 쇠사슬에 묶인 몸으로 다시 이 옥문으로 들어올 줄 누가 알았으랴!

 나는 아침이면 다른 죄수 하나와 쇠사슬로 허리를 마주 매고 짝을 지어 항구 짓는 공사장으로 나갔다. 거기서 한 일은 흙지게를

등에 지고 높은 사닥다리를 오르내리는 것이었다. 서대문 감옥에서 하던 생활은 여기에 비하면 실로 호강이었다. 보름도 안 지나 어깨가 붓고 등이 헐고 발이 부어서 몸을 움직이기가 어려웠다.

그러나 강제로 시키는 일을 안 할 수가 없었다. 나는 여러 번 무거운 짐을 진 채로 높은 사닥다리에서 떨어져 죽을 생각도 하였으나 나와 같이 쇠사슬이 묶여 있는 사람을 생각하면 그럴 수도 없었다. 그들은 대개 인천에서 구두 한두 켤레나 담배 몇 갑 훔치고 두서너 달 징역을 살고 있기 때문에 그런 사람을 죽이는 것은 도리가 아니었다. 그래서 나는 조금이라도 편하려는 잔꾀를 버리고 아예 일하는 데만 몸을 던지기로 마음먹었다. 그랬더니 몸이 아픈 것은 마찬가지였지만 마음은 편안하였다.

그러던 어느 날 갑자기 죄수 전부를 교회당으로 부르기에 나도 가서 앉았다. 이윽고 왜놈 간수가 우리를 향하여,

"55호!"

하고 나를 불렀다. 내가 대답을 하자 가석방을 시키겠다는 뜻을 전했다. 간수에게 이끌려 따라가니 옷 한 벌을 내주었다. 그리고 그 동안 맡아 두었던 내 돈이며 물건도 내주었다. 이로써 나는 감옥에서 풀려나게 되었다.

이튿날 나는 이 소식을 알리고 집을 향해 달려갔다. 집에 도착하니 어머니께서 나를 붙들고 우셨다. 어머니는,

"너는 살아왔지만 너를 그렇게도 보고 싶어하던 네 딸 화경이가

서너 달 전에 죽고 말았구나. 네 친구들이 알리지 않는 게 좋겠다고 하기에 네겐 알리지 못했구나. 또 무엇보다도 화경이가, 7살밖에 안 된 그 어린것이 죽을 때에 저 죽거든 옥중에 계신 아버지에게 아예 알리지 말라고, 아버지가 들으시면 오죽이나 마음이 상하시겠느냐고 하지 않겠냐!"
하고 말씀하셨다. 나는 곧 화경의 무덤을 찾아가 보았다. 화경의 무덤은 안악읍 동쪽 산기슭 공동 묘지에 있었다.

나는 안신 학교로 갔다. 내 아내가 안신 학교 교사로 있으면서 교실 한 칸을 얻어 가지고 살고 있었기 때문이다. 아내는 다른 부인들 틈에 섞여서 잠깐 내 얼굴을 바라보고는 보이지 않았다. 아내는 내가 친구들과 함께 저녁을 먹을 수 있도록 음식을 차리러 간 것이었다. 아내의 얼굴이 퍽 수척해진 것 같았다.

어머니와 아내는 전에는 간혹 의견이 맞지 않을 때도 있었지만 내가 감옥에 간 후로는 달라졌다. 같이 고생을 하고 다니는 동안에 서로 한마음 한뜻이 되어 한 번도 의견이 다른 적이 없었다. 아내는 서울에서 책 만드는 공장에도 다녔고, 어떤 서양 부인 선교사가 학비를 대줄 테니 공부를 하라는 것도 어머님과 화경이가 고생이 될까 봐 하지 않았다. 그래서 우리 부부가 서로 다툼이 생기면 어머니는 반드시 아내의 편이 되어 나를 나무라셨다. 또 내가 아내의 말을 반대하거나 조금이라도 아내에게 불쾌한 빛을 보이면 으레 어머니의 호령이 떨어졌다.

"네가 감옥에 있는 동안에 그렇게 고생한 네 아내를 박대해서는 안 된다. 네 동지들의 아내들 중에는 별별 일이 다 있었지만 네 아내만은 꿋꿋하게 잘 견뎌 냈다. 네 아내의 갸륵한 정성을 생각해서라도 네가 그러면 못쓴다!"

하는 것이었다. 그래서 나는 집안일에 대해서 하나도 내 맘대로 해 본 일이 없었고, 부부간의 싸움에서 한 번도 이겨 본 일이 없었다.

나는 아내가 있는 안신 학교 일을 좀 거들어 주었으나 왜놈들의 감시 때문에 전처럼 당당하게 교육 사업을 벌일 수는 없었다. 더구나 신민회 같은 정치 활동은 꿈도 꿀 수 없었다. 지금까지 애국 활동을 하던 사람들은 해외로 망명하거나 문을 닫고 숨는 길밖에 없는 세상이 되어 버렸다.

그렇다고 나는 두 손 놓고 가만히 있을 수가 없었다. 그래서 농촌 사업이나 해 볼 생각으로 김홍량 일가의 농장 중에 동산평이란 곳의 농장 감독이 되었다. 이 곳 농민들은 인심이 사나워 집집마다 도박이요, 서로서로 속임수와 음해를 일삼았다. 그러다 보니 가난할 수밖에 없었다.

김홍량은 인심이 좋은 농장이 있으니 그 곳으로 가라고 권했지만 나는 고집을 부려 기어이 동산평으로 왔다.

나는 감독이 된 뒤에 새로운 법을 정했다.

'도박하는 자와 아이를 학교에 보내지 않는 자는 소작을 주지 않고, 그 대신 아이를 학교에 보내는 자에게는 제일 좋은 땅을 농사짓도록 하겠다.'

이렇게 해서 자녀를 학교에 보내지 않고는 땅을 얻을 수 없게 만들었다. 그리고 오랫동안 이 농장의 마름(소작지를 관리하는 사람)으로 있으면서 소작인을 착취하고 도박을 시키던 노형극 형제의 땅을 빼앗아 부지런하고 땅이 부족한 사람에게 나눠 주었다. 이 때문에 나는 노형극에게 팔을 물리고 집에 불을 놓는다는 협박을 받았으나 조금도 굽히지 않고 마침내 노형극 형제의 항복을 받아 냈다.

　내 운동은 상당한 효과를 거두어 동산평에 도박이 없어지고, 이듬해 추수 때에는 집집마다 볏섬이 가득 쌓였다. 지금까지는 가을 걷이를 해 봤자 노름빚과 술값으로 빚쟁이들에게 몽땅 빼앗기기 일쑤였던 곳이었다.

상해 임시 정부를 세우다

　나는 동산평을 살기 좋은 동네로 만든 것을 경험 삼아 계속 농촌 운동을 해 볼 생각이었다. 그러나 기미년 3월 1일, 독립 만세 운동이 일어나자 나는 이 사업에서 손을 떼고 고국을 떠나게 되었다. 떠날 날을 하루 앞두고 나는 왜놈들의 눈을 따돌리기 위해 3·1 독립 만세 운동에는 아무런 관심이 없는 듯 농사일을 보고 있었다. 그러자 나를 감시하러 왔던 왜놈 헌병도 그냥 안심하고 돌아갔다.
　그 이튿날 나는 경의선 열차를 타고 압록강을 건넜다. 그리고 며칠 후 드디어 상해에 무사히 닿았다.
　상해에 와서 보니 전부터 잘 아는 이동녕, 이광수, 김홍서, 서병호 등을 비롯하여 일본, 러시아, 미국 등지로부터 모인 사람이 5백여 명이나 되었다. 이들은 서로 뜻을 뭉쳐 임시 정부를 조직하였다.
　대한민국 임시 정부가 탄생하자 국무총리에 이승만 박사를 앉

히고, 그 밑에 내무·외무·재무·법무·교통 등의 부서를 두어 여러 선배 독립 투사들을 총장 자리에 앉혔다. 그러나 총장들이 멀리 다른 지역에서 활동하는 경우가 많아 젊은 사람에게 차장 자리를 주어 총장 직무를 대신하게 하였다.

나도 임시 정부의 조직을 운영하는 위원의 한 사람으로 뽑혔다. 얼마 후 안창호 동지가 미국으로부터 건너와 내무총장 자리에 앉아 이승만 박사 대신에 국무총리 일을 보았다. 그 때 안창호 내무총장에게 나는 이런 부탁을 했다.

"나에게 임시 정부 청사를 지키는 문지기를 시켜 주시오!"

안창호는 내 말에 눈을 동그랗게 뜨고 물었다.

"아니, 김구 선생께서 문지기를 시켜 달라니 그게 무슨 말이오?"

"나는 고국에 있을 때 우연히 순사 시험 과목을 보고 내 자격을 시험하기 위해 혼자서 답안지를 작성해 본 적이 있는데 합격을 못 했소. 또 내가 감옥에 있을 때 죽기 전에 꼭 한 번 우리 정부 청사의 뜰을 쓸고 유리창을 닦는 문지기가 되게 해 달라고 빈 적도 있소!"

이 말에 안창호는 감동하여 쾌히 내 부탁을 들어 주겠다고 약속했다. 하지만 이 안건을 국무회의에 제출한 결과 뜻밖에도 내게 경무국장 자리가 주어졌다. 당시는 윤현진, 신익희, 이춘숙 등 새파란 젊은 차장들이 총장의 직무를 대신할 때라, 나이 많은 선배가 문지기로 있으면 드나들기에 거북하니 경무국장 자리를 주자는 의견이 많았던 것이다.

나는 순사가 될 자격도 안 되는 사람이 어떻게 경무국장이 될 수 있느냐고 반대하였으나 안창호는,

"만일 백범이 사퇴하면 젊은 사람들 밑에 있기 싫어서 그런 것처럼 오해를 받을 수 있으니, 그냥 받아들였으면 좋겠소."
하고 권하기에 나는 부득이 경무국장의 자리에 앉을 수밖에 없었다.

나는 그 후 5년 동안 경무국장으로서 임시 정부를 도왔다. 내가 맡은 경무국의 임무는 정상적인 국가에서 하는 평범한 경찰 행정이 아니었다. 우리가 할 일은 왜놈들의 정탐 활동을 방지하고 독립 운동가들이 일본에 투항하는 것과 왜놈들의 마수가 어디로 들어오는지를 감시하는 것이었다. 이 일을 하기 위해서 나는 정복과 사복 경호원 20여 명을 썼다. 이렇게 함으로써 우리는 홍구의 일본 영사관에 대항했다.

임시 정부 2년에 아내가 아들 인(仁)을 데리고 상해로 오고, 2년 후에는 어머니께서 오시니 오래간만에 단란한 가정을 이루게 되었다. 그 해에 아들 신(信)이 태어났다.

그 무렵 나의 국모 복수 사건이 그제야 왜놈의 귀에 들어갔다는 소식이 들려왔다. 인천 감옥을 탈출한 지 24년 만의 일이다.

내가 고국을 떠난 뒤에야 조선인 형사들이 안심하고 김구가 그 옛날 김창수였다는 것을 일본 경찰에게 말한 것이다. 아아, 눈물나는 민족 의식이여! 왜놈의 정탐 노릇을 하고 있었을망정 가슴속

에는 애국심과 동포애를 감추고 있었던 것이다. 이런 정신이라면 우리 민족은 반드시 독립을 이룩하여 행복한 삶을 누릴 수 있으리라는 희망이 생겼다.

임시 정부 5년, 내가 내무총장이 되었다.

그 전에 아들 신을 낳고서 병을 앓으며 몇 해를 고생하던 아내가 임시 정부 6년에 세상을 떠나고 말았다. 아내는 근처 공동 묘지에 묻혔다.

나는 아내의 장례식을 극히 검소하게 치를 작정이었다. 독립 운동 기간 중에는 혼례나 장례는 물론이고 그 밖의 어떤 의식도 성대하게 치르지 말자는 생각이었다. 그러나 여러 동지들이 말했다.

"자네의 아내가 독립 운동을 하는 자네를 위하여 평생 많은 고생을 했으니 이것은 곧 아내가 독립 운동을 한 것이나 다름없네!"

그러면서 그들은 돈을 거두어 성대하게 장례를 치르고 묘비까지 세워 주었다.

임시 정부 8년에 어머니는 둘째 아들 신을 데리고 고국으로 돌아가셨다. 이듬해 9년에는 첫째 아들 인도 보내라는 어머니의 연락이 와서 인도 내 곁을 떠나갔다. 나는 외로운 몸으로 상해에 남아 있었다.

그 해 11월에 나는 임시 정부 국무령으로 선출되었다. 국무령은 임시 정부의 최고 우두머리 자리이다. 애초 임시 정부의 문지기를 원했던 내가 여기까지 오른 데는 사연이 많았다.

임시 정부가 만들어지긴 했지만 사람도 돈도 들어오지 않자 대통령 이승만은 물러나고 대신 박은식이 대통령이 되었다. 그러나 그도 단지 대통령제를 국무령제로 고쳐 놓고 나갔을 뿐이다. 그 후 제1대 국무령으로 뽑힌 이상룡은 서간도로부터 상해로 취임하러 왔으나 같이 일할 사람을 고르다가 지원자가 없어 도로 서간도로 돌아가고, 다음에 홍면희가 국무령이 되었으나 그 역시 내각 구성에 실패하였다. 이리하여 임시 정부는 한참 동안 무정부 상태에 빠져 큰 위기를 겪었다.

이 때, 당시 의정원 의장이던 이동녕 선생이 나를 찾아왔다.

"김구 선생, 선생이 국무령 자리에 앉아 임시 정부를 이끌어 주어야겠소."

"그 무슨 말씀이오? 나는 해주 촌구석에서 태어난 상놈의 아들이오. 우리 임시 정부가 아무리 완전한 나라의 기틀을 갖추지 못했다 하더라도 나같이 미천한 사람이 한 나라의 원수가 된다는 것은 국가와 민족의 위신을 떨어뜨리는 것이오. 이상룡, 홍면희 같은 훌륭한 인물도 사람을 못 얻어 내각 조직에 실패했거늘 나 같은 사람에게는 더더욱 따르는 사람이 없을 것이오."

나는 펄쩍 뛰며 반대했지만 이동녕도 물러서지 않았다.

"첫 번째 이유는 말이 안 되는 것이니 얘기할 필요도 없고, 두 번째는 김구 선생만 나서면 따라나설 사람이 있으니 민족의 앞날을 위해 애 좀 써 주시오!"

이렇게 자꾸 권하는 바람에 나는 어쩔 수 없이 승낙하고 말았다.

나는 윤기섭, 오영선, 김갑, 김철, 이규홍 등으로 내각을 조직하고, 한 사람에게 책임을 지우는 국무령제를 폐지하고 국무위원제를 도입했다. 그래서 나는 국무위원의 주석이 되었는데, 주석은 다만 회의를 할 때 주석이 될 뿐이요, 모든 국무위원은 권리에서나 의무에서나 평등했다.

이리하여 정부는 어느 정도 자리가 잡혔으나 경제 사정이 좋지 않아 임시 정부의 이름을 유지하기도 힘든 형편이었다. 임시 정부의 집세가 30원, 심부름꾼 월급이 20원 정도였지만 나는 이것도 낼 힘이 없어 집주인에게 곤욕을 치르곤 했다.

다른 위원들은 다 식구가 딸려 있었으나 나는 아들 둘을 고국의 어머니께 돌려 보낸 뒤라 홀몸이었다. 그래서 나는 임시 정부 청사에서 자고, 밥은 돈벌이를 하는 동포들의 집을 찾아다니면서 얻어먹었다. 돈벌이하는 직업을 가진 동포들이라고 해 봤자 전차 회사의 차표 검표원이 거의 다였다. 나는 이들의 집을 이 집 저 집 찾아다니면서 아침 저녁을 빌어먹었으니 거지 중의 상거지였다. 그러나 다들 내 처지를 잘 알기 때문에 미움밥은 아니 주었다고 믿는다.

　엄항섭 군 같은 사람은 프랑스 공무국에서 받는 월급으로 이동녕이나 나처럼 가난한 독립 운동가들을 먹여 살렸다.

　나는 애초에 임시 정부 문지기를 원했다가 경무국장으로, 내무총장으로, 국무령으로 오를 대로 다 올라서 다시 국무위원이 되고 주석이 되었다. 이것은 문지기 자격밖에 안 되던 내가 그만한 능력이 생긴 것이 아니라 사람이 없어졌기 때문이다. 이를테면 이름난 큰 가문이 몰락하여 거지의 소굴이 된 것과 마찬가지였다. 일찍이 임시 정부가 처음 생길 때만 하더라도 중국인은 물론이요, 눈 푸르고 코 높은 영국인이나 미국인 등 외국인도 청사에 찾아오는 일이 있었다. 그러나 지금은 서양 사람이라곤 프랑스 순사가 왜놈 경찰을 데리고 사람을 잡으러 오거나 밀린 집세를 재촉하러 오는 것밖에 없었다. 그리고 한창 때에는 천여 명이나 되던 독립 운동가가 이제는 수십 명도 못 되는 형편이었다.

이렇게 운동가가 줄어든 데는 그만한 이유가 있었다. 첫째로는 임시 정부의 군무차장 김희선, 독립신문 사장 이광수, 의정원 부의장 정인과 같은 무리가 왜놈에게 항복하고 본국으로 돌아갔고, 둘째로는 국내 각 도, 각 군, 각 면에까지 이어져 있던 독립 운동 조직이 발각되어 많은 동지가 왜놈들에게 잡혀 갔고, 셋째로는 생활난으로 뿔뿔이 흩어져 밥벌이를 하게 되었기 때문이다.

이러한 상태에서 임시 정부가 할 수 있는 일은 무엇인가? 첫째로 돈이 있어야 할 터인데 돈 나올 길이 막막했다. 본국과 만주와는 이미 연락이 끊겼으니, 미국과 하와이에 있는 동포에게 임시 정부의 어려운 사정을 호소하여 도움을 받는 길밖에 없었다. 그래서 시작한 것이 내 편지 보내기 정책이었다. 나는 미국과 하와이에 있는 동포들의 열렬한 애국심을 믿었다. 거기에는 서재필, 안창호, 박용만, 이승만 같은 독립 운동가들이 활동하고 있었던 것이다.

이 편지 보내기 정책의 효과를 당장 기대하기는 어려웠다. 그 때에는 아직 항공 우편이 없었으므로 상해와 미국 간에 한 번 편지를 주고받으려면 두 달이나 걸렸기 때문이다. 그러나 기다린 보람이 있어서 차차 우리를 돕겠다는 회답이 왔고, 시카고에 있는 김경이란 사람은 그 곳 공동회에서 모은 돈이라며 미국돈 2백 달러를 보내 왔다. 당시 임시 정부의 형편에서 볼 때, 이 돈은 결코 적은 돈이 아니었다. 돈도 돈이지만 동포들의 정성이 고마웠다.

김경은 나와 한 번도 만난 적이 없는 사람이었다.

그 후 하와이에서, 미국에서, 멕시코에서, 그리고 쿠바에서 우리를 돕겠다는 동포들의 소식이 줄을 이었다.

그 무렵, 어떤 청년 하나가 거류민단으로 나를 찾아왔다. 당시 나는 상해 거류민단장의 일도 같이 보고 있었다. 청년은 자기의 이름을 이봉창이라고 소개하고 이렇게 말했다.

"저는 일본에서 노동일을 하고 있는데 독립 운동에 참여하고 싶어서 상해까지 왔습니다. 그런데 저 같은 노동자도 독립 운동을 할 수가 있습니까?"

나는 이 청년의 말소리를 듣고 약간 의심이 들었다. 그가 우리말과 일본말을 섞어 쓰고 있었기 때문이다. 그래서 청년을 특별히 조사할 필요가 있다고 생각하고 민단 사무원을 시켜 여관을 잡아 주라고 이르는 한편, 청년에게는 이미 날이 저물었으니 내일 또 만나자고 하였다.

며칠 후였다. 하루는 내가 민단 사무실에 있는데 부엌에서 술 먹고 떠드는 소리가 들렸다. 바로 그 때 청년의 목소리가 들렸다.

"당신네들은 독립 운동을 한다면서 왜 일본 천황을 죽이지 않는 거요?"

이 말에 어떤 민단 사무원이 대답했다.

"하찮은 일본 장교나 관리 하나도 죽이기 어려운데 천황을 어떻게 죽이오?"

"어떻게 죽이다뇨? 내가 작년에 천황이 행차하는 것을 길가에 엎드려 지켜봤는데, 그 때 내 손에 폭탄 한 개만 있었다면 천황을 죽였을 텐데 하고 생각하였소."

이봉창은 매우 안타까운 듯이 말했다. 그 날 밤 나는 여관으로 이봉창을 찾아갔다. 그는 상해에 온 뜻을 이렇게 말했다.

"제 나이가 이제 31살입니다. 앞으로 31년을 더 산다 하더라도 지금까지보다 더 나은 재미는 없을 것입니다. 인생의 목적이 쾌락이라면 지난 31년 동안 인생의 쾌락이란 것을 대강 맛보았습니다. 이제부터는 영원한 쾌락을 위해서 독립 사업에 몸을 바칠 목적으로 상해에 왔습니다."

이봉창의 말을 들으며 내 눈에 눈물이 가득 찼다. 이봉창은 공손한 태도로 다시 말했다.

"부디, 김구 선생께서 제가 독립 운동에 몸 바칠 수 있도록 잘 이끌어 주십시오!"

"그야 물론이오. 1년 이내에 당신이 할 일을 준비해 주겠소. 헌데 우리 임시 정부가 지금 살림이 어려워 당신의 생활비를 댈 길이 없으니 어찌해야 될지 모르겠소."

내가 난처한 표정을 짓자 이봉창은 기쁜 얼굴로 대답했다.

"걱정 마십시오. 저는 일본말을 잘할뿐더러 철공일을 배워 기술을 가지고 있습니다. 일본 사람 행세를 하면서 공장에서 생활비를 벌면 문제가 없으니 언제까지나 김구 선생님의 지도가 있기를 기다리겠습니다."

"그렇다면 좋소. 앞으로 나와 자주 만나면 왜놈들에게 의심을 살 수 있으니 한 달에 한 번씩만 밤에 만납시다!"

나는 이렇게 당부한 후에 그를 일본인이 많이 사는 홍구로 떠나보냈다.

며칠 후에 그가 나를 찾아와 월급 80원을 받기로 하고 일본인의 공장에 취직했다는 소식을 전했다.

그럭저럭 이봉창과 약속한 1년이 다 되어서야 미국에서 부탁한 돈이 왔다. 이제는 폭탄도 돈도 다 준비가 되었다. 폭탄은 두 개였으니 하나는 일본 천황에게 던질 것이요, 하나는 이봉창 자신의 자살용이었다.

내가 돈을 몸에 지닌 채 거지 같은 차림을 하고 돌아다녔으니, 아무도 내 품에 천여 원이란 큰 돈이 있는 줄을 몰랐다.

12월 중순 어느 날, 나는 이봉창을 비밀스레 불러 하룻밤을 같이 자며, 일본에 갈 일에 대하여 여러 가지 의논을 하였다. 그리고 만일 자살이 실패하여 왜놈들에게 붙들려 심문을 받게 되면 이봉창이 어떤 대답을 해야 하는지까지 일러 주었다. 이튿날 아침 나는 이봉창과 헤어지면서 내 헌 옷 주머니 속에서 돈뭉치를 꺼내 주며 말했다.

"일본 갈 준비가 다 되거든 다시 찾아오시오!"

이틀 후에 그가 찾아왔다. 나는 이봉창과 마지막 밤을 함께 지냈다. 그 때 이봉창이 이런 말을 했다.

"얼마 전에 선생님이 돈뭉치를 주실 때 저는 눈물이 울컥 솟았습니다. 저 같은 사람을 어떻게 믿으시고 이렇게 큰 돈을 내게 주셨나……. 사실 제가 이 돈을 떼어먹더라도 상해에서 한 걸음도 못 나오시는 선생님이 나를 어찌할 수 없는 일 아닙니까? 저는 평생 동안 이토록 신임을 받아 본 적이 없습니다. 이것이 처음이요, 또한 마지막이 될 것입니다. 과연 선생님의 마음 씀씀이는 영웅적이라고 생각했습니다."

그 길로 나는 그를 안공근의 집으로 데리고 가서 거사의 성공을 다짐하는 선서식을 했다. 그런 뒤에 폭탄 두 개를 주고 다시 그에게 돈 3백 원을 주며 말했다.

"이 돈은 일본 동경까지 갈 여비로 쓰시오. 동경 가서 돈이 모자라거든 전보를 치시오. 그러면 돈을 마련해 보내겠소."

말을 마치고 기념 사진을 찍을 때, 내가 슬픈 표정을 짓고 있으

니 이봉창이 나를 돌아보며,

"제가 영원한 쾌락을 얻으러 가는 길이니 우리 기쁜 낯으로 사진을 찍읍시다!"

하면서 얼굴에 빙그레 웃음을 띠었다. 나도 그를 따라 웃으면서 사진을 찍었다.

얼마 후 자동차에 올라앉은 그는 나를 향해 깊이 허리를 굽히고 일본을 향해 떠났다.

나는 이제나 저제나 이봉창의 소식을 기다리고 있었다. 드디어 1월 8일 중국 신문에 동경의 소식이 실렸다.

한국 사람 이봉창이 일본 천황을 저격하였으나 불행히 맞지 않았다.

이봉창이 일본 천황을 저격하였다는 것은 기뻤으나 맞지 않았다는 것이 극히 불쾌하였다. 그러나 여러 동지들은 나를 위로하였다.

"일본 천황을 그 자리에서 죽였으면 더 좋았겠지만 그것만 해도 우리 한국인이 정신적으로는 천황을 죽인 것이나 다름없네. 뿐만 아니라 세계 만방에 우리 민족이 살아 있다는 것을 보여 주었으니 이 일은 성공했다고 볼 수 있네."

그리고 동지들은 일본이 내게 해를 입힐지 모르니 각별히 몸조심을 하라는 부탁도 빼놓지 않았다.

아니나 다를까, 이튿날 아침 일찍 프랑스 공무국으로부터 비밀스레 연락이 왔다. 지난 10년간은 프랑스 공무국에서 김구를 보호했으나 이번에 김구의 부하가 일본 천황에게 폭탄을 던졌으니 더 이상 보호하기 힘들다는 얘기였다.

나는 어쩔 수 없이 낮에는 숨고 밤에는 동지들의 집에서 자고, 밥은 동포의 집을 돌아다니면서 얻어먹었다. 동포들은 정성껏 나를 대접하였다.

동경 사건이 전해지자 미국과 하와이 동포들로부터 많은 편지가 왔다. 그 중에는 이번 중일 전쟁(이 전쟁은 '만주 사변' 또는 '만주 전쟁'을 말함)에 우리도 한몫 끼어 중국을 도와서 일본과 싸우는 일을 하라는 이도 있었다. 그러나 아무런 준비도 없이 어떻게 중일 전쟁에 끼어들 수 있으랴! 나도 그러고 싶은 마음은 간절했지만 우물에서 숭늉 찾는 격이라 그만둘 수밖에 없었다.

그 대신 한가지 꾀를 내어 한국인 중에서 일본군 쪽을 드나드는 노동자를 이용하여 비행기 격납고와 군수품 창고를 폭파시킬 계획을 세웠다. 하지만 그 무렵 중국이 일본에 굴복하여 전쟁이 끝나는 바람에 내 계획은 수포로 돌아가고 말았다.

이에 나는 암살과 파괴 계획을 계속하여 실시하려고 사람을 찾았다. 이 때 마침 홍구에서 채소 장사를 하는 윤봉길이 나를 찾아왔다. 그는 나를 찾아온 뜻을 이렇게 말했다.

"제가 애초에 상해에 온 것은 무슨 큰 일을 해 보려는 생각이었습니다. 그래서 채소를 지고 홍구 거리를 헤매면서 기회를 엿보고 있었는데 이제 중일 전쟁도 끝나 아무리 보아도 뜻깊게 죽을 자리가 없습니다. 혹시 이봉창 의사의 동경 사건과 같은 계획이 있거든 저를 써 주십시오!"

나는 그가 나라를 위하여 기꺼이 목숨을 버리겠다는 큰 뜻이 있는 것을 보고 감격했다.

"정말 반갑소. 그러잖아도 마침 그대와 같은 훌륭한 인물을 찾고 있던 중이오!"

나는 윤봉길의 손을 잡고 계속 말을 이었다.

"왜놈들이 이번 싸움에서 이긴 뒤로 더욱 의기양양하여서 오는 4월 29일 홍구 공원에서 천장절(일황 생일) 축하식을 성대하게 치른다고 하오. 이 때 높은 자리에 있는 왜놈들이 많이 올 것인즉 본때를 보여 주는 게 어떻겠소?"

"좋습니다. 이제부터 그 날을 손꼽아 기다릴 테니 하루빨리 준비해 주십시오!"

윤봉길은 내 계획을 쾌히 응낙하였다.

얼마 후 신문에는 천장절에 관한 기사가 났다. 축하식에 참석하는 사람은 도시락과 물통과 일장기를 하나씩 들고 오라는 것이었다. 이 신문을 보고 나는 곧 사람을 시켜 물통과 도시락 모양을 본뜬 폭탄을 만들게 했다.

4월 29일이 점점 다가왔다. 나는 윤봉길에게 말쑥한 일본식 양

복을 사 입혀서 날마다 훙구 공원에 가서 식장을 설치하는 것과 당일날 폭탄을 던질 자리를 눈여겨보아 두라고 일렀다. 그리고 일본군 대장의 사진이며 일장기도 마련하게 했다.

거사일을 하루 앞두고, 나는 김해산의 집으로 가서 윤봉길이 중대한 임무를 띠고 멀리 떠나니 고깃국으로 아침밥을 지어 달라고 부탁했다.

이튿날은 4월 29일이었다. 나는 김해산 집에서 윤봉길과 마지막 밥상을 같이했다. 밥을 먹으며 가만히 윤봉길을 살펴보니 그 태연자약함이 마치 농부가 일터에 나가려고 넉넉히 밥을 먹는 모양과 같았다.

김해산도 윤봉길의 침착하고도 용감한 태도를 보고 칭찬을 아끼지 않았다.

식사가 끝나고 마침내 떠날 시간이 되었다. 윤봉길은 자기의 시계를 끌러 주며,

"이 시계는 어제 6원을 주고 산 새 시계인데 선생님 시계는 2원짜리니 제 것하고 바꿉시다. 제 시계는 앞으로 한 시간밖에 쓸 데가 없으니까요."

하고 말하기에 우리는 기념으로 서로 시계를 주고받았다. 뿐만 아니라 식장을 향해 떠나기에 앞서 윤봉길은 자동차에 앉아서 그가

가졌던 돈을 꺼내어 주었다.

"돈은 좀 가지고 있는 게 좋지 않소?"

하고 내가 물으니 윤봉길은,

"자동차 값을 주고도 5, 6원이 남는걸요."

하고 대답했다. 서서히 자동차가 움직일 때 나는 떨리는 목소리로,

"훗날 저승에서 다시 만납시다!"

했더니 윤봉길은 차창으로 고개를 내밀어 내게 인사를 했다. 자동차는 큰 소리를 내며 천하 영웅 윤봉길을 싣고 홍구 공원을 향해 달렸다.

그 길로 나는 사람을 시켜 급히 안창호 선생에게 편지를 전했다. 그 내용은 '오전 10시경부터 집에 계시지 마십시오. 무슨 큰 사건이 생길 듯합니다.' 하는 것이었다. 그런 다음 이동녕 선생께 달려가 지금까지 있었던 일을 다 알리고 좋은 소식이 들리기만을 기다렸다.

오후 3시쯤 비로소 신문 호외에 다음과 같은 보도가 났다.

홍구 공원에서 있었던 일본인의 천장절 경축 행사에 대량의 폭탄이 폭발하여 민단장 하단은 즉사하고, 백천 대장, 중광 대사, 야촌 중장 등 문무 대관이 다수 중상.

이 때부터 대대적인 수색이 시작되었다. 나는 일단 몸을 숨긴

다음, 누가 잡혀 가고 누가 무사한지를 알아보았다. 내가 일부러 편지까지 보냈건만 불행히 안창호 선생이 잡히고, 그 밖에 장헌근, 김덕근과 몇몇 젊은 학생들이 잡혔을 뿐이요, 독립 운동 동지들이 대부분 무사한 것을 알고 다행이라 생각하였다.

 그러나 날마다 수색의 손길이 뻗치는 바람에 동포들이 마음을 놓을 수가 없고, 괜히 애매한 동포들이 잡혀 갈까 걱정이 되었다. 그래서 동경 사건이나 홍구 폭탄 사건의 책임자는 나 김구라는 성

명서를 냈다. 이리하여 일본 천황에게 폭탄을 던진 이봉창 사건이나 홍구 공원에서 일본군 대장을 살해한 윤봉길 사건이나, 그 주모자는 김구라는 것이 전 세계에 알려진 것이었다.

　왜놈들은 나를 잡으려고 처음에는 내 몸에 20만 원의 현상금을 걸더니 나중에는 60만 원으로 올렸다.

　나는 20여 일 동안은 잘 숨어 다녔으나 점점 왜놈들의 포위망이 좁혀 드는 것을 알고 먼 곳으로 피신하기로 마음먹었다.

광복군의 비밀 침투 작전

얼마 후 중일 전쟁이 일어났다. 나는 어머니와 아이들을 데리고 전쟁을 피해 장사라는 곳으로 피난을 했다. 나는 우리 식구 외에도 백여 명이나 되는 임시 정부의 대가족을 거느리고 있었다. 중국 중앙 정부의 보조와 미국에 있는 동포들의 후원이 있었기 때문에 이 많은 식구들이 생활하는 데에 큰 어려움은 없었다. 더욱이 장사는 곡식이 흔하고 값도 싼 곳이었다. 또 호남성 부주석으로 새로 온 장치중이란 사람은 나와 친한 사이였기 때문에 우리에게 잘해 주었다. 그래서 그 동안 나는 여러 곳을 숨어 다니며 이름을 바꿔 썼지만 이 곳 장사에서는 버젓이 김구로 행세할 수 있었다.

이 곳으로 오면서 독립 운동을 하는 사람들끼리 힘을 합치자는 얘기가 있었다. 당시 독립 운동을 하는 사람들은 독립 운동에 대한 생각의 차이에 따라 몇 개의 당으로 나뉘어 있었다. 그 중 3개의 당이 힘을 합치자는 것이었다.

세 당은 조선 혁명당과 한국 독립당, 내가 창립한 한국 국민당이었다.

이 3당이 통합 문제를 논의하려고 조선 혁명당 본부에 모였는데 나도 거기 참석하였다. 그런데 어느 순간 나는 정신을 잃고 말았다.

내가 정신을 차려 보니 병원인 듯하였다. 무슨 일이냐고 물으니 내가 술에 취해 졸도하여 입원한 것이라고 하였다. 가슴에 있는 상처도 쓰러질 때 책상 모서리에 부딪친 것이라고 해서 그런 줄로만 알고 있었다. 한 달이 지나서야 엄항섭 군이 내게 비로소 사실대로 얘기해 주었다.

그 날 밤, 3당 통합에 관한 회의가 열렸을 때, 이운환이란 청년이 느닷없이 회의장에 뛰어들어 권총을 마구 쏘았는데, 내가 거기에 맞았다는 것이었다.

호남성 주석이 된 장치중은 친히 병원으로 나를 찾아와 위문하고 치료비가 얼마가 되든지 다 부담할 것을 약속했다. 또 중국 국민당을 이끌고 있는 장개석 장군은 하루에도 두세 번씩 전보로 내 병세를 묻고 내가 퇴원하자 돈 3천 원을 요양비로 쓰라고 보냈다.

어머니께서는 내가 퇴원하는 것을 보고,

"자네 생명은 하느님이 보호하시는 줄 아네. 사악함이 정의로움을 이길 수는 없는 법이네."

하고 말씀하시다가,

"한국인의 총에 맞고 살아 있는 것은 왜놈의 총에 맞아 죽는 것만 못 해!"

하는 말씀을 내뱉기도 했다.

애초에 내 상처는 너무 심해 의사가 도저히 살 가망이 없다고 하여 죽기만을 기다렸다고 한다. 그런데 네 시간이 지나도 살아 있는 것을 보고 병실에 옮겨서 치료를 시작했다고 한다. 그래서 다른 지방에 가 있던 아들 인에게 내가 총을 맞아 죽었다는 전보를 놓아서, 안공근은 인과 함께 내 장례에 참석할 생각으로 달려오기도 했다.

내가 퇴원하여 몸조리를 하고 있을 때 하루는 갑자기 구역질이 나며 오른쪽 다리에 마비 증상이 왔다. 병원에 가니 의사의 말이 이러했다.

"다리에 마비가 오는 것은 탄환이 혈관을 압박하기 때문인데 좀 지나면 차차 나아질 것입니다. 그보다도 심장 옆에 박혀 있던 탄환이 혈관을 통하여 오른쪽 갈비뼈 옆으로 이동해 있으니 불편하

광복군의 비밀 침투 작전 · 153

면 수술하기는 어렵지 않으나 그냥 두어도 생명에는 지장이 없습니다."

생명에 지장이 없단 말을 듣고 나는 이 탄환을 지금도 몸 속에 가지고 있다.

그런데 이 무렵, 장사가 위험에 처하게 되었다. 그리하여 나는 임시 정부 대가족을 이끌고 또 광주성으로 향했다. 그러나 광주도 일본군의 공격을 받게 되어 두 달도 못 있고 다시 중경으로 떠나게 되었다.

한편, 중국 중앙 정부에서는 우리 임시 정부 대가족을 위하여 기와집 세 채를 짓고 또 시내에도 집 한 채를 사 주었다. 하지만 그 밖에 우리의 독립 운동을 도와 달라는 청에 대해서는 별로 관심을 기울이지 않았다. 그래서 나는 중국 중앙 정부의 관리를 찾아가 말했다.

"중국이 일본과 싸우느라 정신이 없는 이 때에 도움을 바라기가 미안하오. 그러니 내가 직접 미국으로 가서 도움을 청할 생각이니 여행권을 주시오."

이에 중국 관리가 대답했다.

"김구 선생은 중국에 오랫동안 있었으니 중국에서 무슨 업적을 하나 남기는 게 좋지 않겠소? 사업 계획서를 제출하면 저희 정부에서 검토한 뒤에 힘 닿는 대로 도와 주겠소."

이 말을 듣고 내가 나라를 되찾기 위해 일본군에 맞서 싸울 광복군을 만들려는 계획을 제출하였더니 곧 좋다는 회답이 왔다.

　이리하여 임시 정부는 이청천을 광복군 총사령관으로 임명하고, 중국인과 서양인 등 중요 인사를 초청하여 한국 광복군 창립식을 거행하였다. 그리고 우선 30여 명의 간부를 서안으로 보내어 한국 광복군 사령부를 설치하고, 제1지대장에 이범석, 제2지대장에 고운기, 제3지대장에 김학규를 삼아 각 지역으로 보냈다.

　여기에 든 비용은 전부 미국과 멕시코, 하와이에 있는 동포들이 보낸 돈으로 썼다. 장개석의 부인 송미령이 대표로 있는 부녀 위로총회로부터 중국 돈 10만 원이 들어오기도 했다.

　이렇게 하여 겨우 광복군은 창설하였으나 사람이 많지 않아 몇 달 동안 유명무실하게 지냈다. 그러던 중 문득 한 사건이 생겼다. 그것은 50여 명의 청년이 가슴에 태극기를 붙이고 중경에 있는 임시 정부 청사로 애국가를 부르며 들어온 것이다. 이들은 학병으로, 일본 군대에 강제로 끌려온 한국인 대학생들로서, 중국 전선에 투입되었다가 일본 군대에서 도망쳐 광복군 제3지대를 찾아온 것을 지대장 김학규가 임시 정부로 보낸 것이었다.

　이 사실은 중국인들에게 큰 감동을 주었다. 그래서 이들을 맞이하는 환영회가 크게 열렸을 때, 서양 여러 나라의 기자들이며 대사관원들도 참석하여 우리 학병들에게 여러 가지 질문을 던졌다. 이에 우리 학병들이 조국의 독립을 위하여 목숨을 바치려고 죽음을 무릅쓰고 임시 정부를 찾아왔다고 하자, 우리 동포들의 목이

메인 것은 말할 것도 없고 외국인들도 감격에 겨운 모습이었다.

이것이 인연이 되어 우리 광복군은 연합국의 주목을 받게 되었다. 그리하여 미국의 OSS(미국 전략 사무국의 약자)를 맡고 있는 사전트 박사는 광복군 제1지대장 이범석과 합작하고, 윔스 중위는 제3지대장 김학규와 합작하여 우리 광복군에게 비밀 훈련을 실시했다.

광복군 대원들은 예정대로 3개월의 훈련을 마치고 정탐과 파괴 공작의 임무를 띠고 비밀스레 본국으로 파견될 날을 기다리고 있었다. 이 때 나는 미국 작전부장 다노베 장군과 군사 협의를 하기 위해 미국 비행기로 서안으로 갔다.

회의는 광복군 제2지대 본부 사무실에서 열렸다. 정면을 기준으로 오른쪽 태극기 밑에는 나와 제2지대 간부들이 앉았고, 왼쪽 미국기 밑에는 다노베 장군과 훈련관들이 앉았다. 이윽고 다노베 장군이 일어나,

"오늘부터 아메리카 합중국과 대한민국 임시 정부의 적 일본에 대항하는 비밀 공작이 시작되겠습니다!"

하고 선언하였다. 다노베 장군과 내가 정문을 나올 때 활동 사진의 촬영을 끝내면서 식을 모두 마쳤다.

이튿날 나는 미국 군관들과 우리 청년들이 훈련을 받는 비밀 훈련소를 찾았다. 그리고 우리 훈련생들의 실제 시험에 들어갔다.

첫 번째는 심리학적으로 모험에 능한 자, 슬기가 있어서 정탐에

능한 자, 눈과 귀가 밝아서 무선 전신에 능한 자를 고르는 것이었다. 이 시험을 한 심리학자는 한국 청년이 용기로나 지능으로나 다 뛰어나서 장래에 희망이 많다고 결론지었다.

두 번째는 청년 일곱을 뽑아서 한 사람에게 밧줄 하나씩을 주고 수백 길이나 되는 절벽 밑에 내려가서 나뭇잎 하나씩을 따 가지고 오라는 시험이었다. 일곱 청년은 잠깐 모여서 의논하더니 그들의 밧줄을 이어서 기다랗게 만들었다. 그런 뒤에 한쪽 끝을 바위에 단단히 매고 그 줄을 붙들고 일곱이 다 내려가서 나뭇잎 하나씩을 따서 입에 물고 다시 그 줄을 타고 일곱이 차례차례 다 올라왔다. 시험관이 이것을 보고 크게 칭찬하였다.

"내가 중국 학생 4백 명을 모아 놓고 시켰지만 그들은 하나도 해결하지 못했소. 그런데 한국 청년 일곱은 모두 이 문제를 훌륭하게 해결했소. 참으로 한국 사람은 앞날이 밝은 국민이오!"

일곱 청년이 이 칭찬을 받을 때 나는 대단히 기뻤다.

다음에는 폭파술, 사격술, 그리고 비밀스레 강을 건너가는 재주 같은 것을 시험하였다. 여기서도 다 좋은 성적을 얻는 것을 보고 나는 우리 청년들이 무척이나 자랑스러웠다.

이튿날은 중국 친구들을 찾아보기로 했다. 호종남 장군을 찾아 갔으나 출타중이라 만나지 못하고, 축소주 선생과는 매우 친한 친구라 다음 날 그의 집에서 저녁을 같이 먹기로 했다. 성당부에서는 나를 위하여 환영회를 연다고 하고, 서안 부인회에서는 나를 환영하기 위하여 특별히 연극을 준비한다고 했다.

또 서안의 각 신문사에서도 환영회를 개최하겠으니 참석해 달라는 초청이 왔다.

다음 날 나는 서안의 명소를 구경하고 저녁에는 약속대로 축소주 선생 집으로 갔다. 저녁을 마치고 객실에 돌아와 수박을 먹으며 얘기를 나누는 중에 문득 전화벨이 울렸다. 축소주 선생은 놀란 듯 자리에서 일어나 전화실로 뛰어가더니 잠시 후에 돌아와,

"왜적이 항복했다!"

하고 소리쳤다.

'아! 왜적이 항복!'

그것은 내게 기쁜 소식이 아니라 하늘이 무너지는 듯한 소식이었다. 천신만고 끝에 수년간 애를 써서 일본과 싸울 준비를 한 것이 다 물거품이 되었다. 비밀 훈련소에서 훈련을 받은 우리 광복군 청년들을 몰래 본국에 침투시켜 일본을 크게 혼란시키기로 미국 육군성과 다 약속이 되었던 것을 한 번 해 보지도 못하고 왜적이 항복하였으니 실로 안타깝기 짝이 없었다. 아니, 그보다 더 걱정스러운 것은 이번 전쟁에 우리가 한 일이 아무것도 없기 때문에 장래에 국제 간에 우리의 발언권이 약해지리라는 것이었다.

나는 더 있을 마음이 없어서 곧 축씨 댁에서 나왔다. 밖으로 나서니 벌써 거리는 사람들로 빼곡히 들어차 만세 소리가 천지를 울리고 있었다.

백범 연보

김구 선생님이 한 일과 당시의 역사적 사건

1876년(1세): 황해도 해주에서 아버지 김순영과 어머니 곽낙원의 외아들로 태어남. 어릴 때의 이름은 창암.
▶2월, 한일수호조규를 맺어 개항함.

1880~1882년(5~7세): 5세 때 강령으로 이사. 아버지의 숟가락을 부러뜨려 엿을 사 먹는 등 개구쟁이 짓을 하며 어린 시절을 보냄. 7세 때 해주 고향으로 다시 돌아옴.
▶1881. 1. 일본에 신사유람단 파견.
　1882. 4. 조미수호통상조약, 조미수호조규 체결.
　1882. 6. 임오군란.

1887년(12세): 집안 어른이 갓을 쓰지 못하게 된 사연을 듣고 공부하기로 결심. 아버지가 글방을 차려 줘 공부를 시작함.
▶아펜젤러, 정동교회 설립. 언더우드, 새문안교회 설립.

1892년(17세): 과거 시험을 보았으나 떨어지고, 돈을 주고 관직을 사고 파는 것에 실망하여 서당 공부를 그만둠. 관상학과 군사학을 공부함.
▶2월, 동학교도, 전라도 삼례역에 집합.

1893년(18세): 오응선을 만나 동학에 들어가고 김창수로 이름을 바꿈. 동학에 들어간 지 몇 달 만에 백범을 따르는 사람이 수천 명으로 늘어 '아기 접주'라는 별명을 얻게 됨.

1894년(19세): 팔봉 접주가 되어 해주성을 공격했으나 실패하고 몽금포로 피신.
▶6월, 청일 전쟁.
  10. 22.~11. 12. 동학 농민군이 공주 우금치에서 크게 패함.

1895년(20세): 2월, 유학자 고능선을 만나 가르침을 받음. 5월, 청나라로 가 앞선 문물을 보고 돌아옴. 11월, 만주에서 돌아오는 길에 의병에 참가하나 패함.
▶8월, 을미사변. 11. 15, 단발령 공포.
  11. 17, 건양으로 연호를 개정하고 양력을 사용함.

1896년(21세): 3월 9일, 치하포에서 일본인을 때려 죽임. 5월, 해주옥에 갇힘. 11월, 미결수로 감옥 생활을 시작함. 감옥에서 『대학』, 『태서신사』, 『세계지지』 등을 읽으며 서양 근대 문물을 접함.
▶고종, 아관파천. 4월, 독립신문 창간. 7월, 서재필 등 독립협회 조직.
  9월, 전국의 의병이 거의 흩어짐.

1898년(23세): 3월, 탈옥해 삼남으로 도망침. 마곡사에서 중이 됨.
▶3월, 독립협회, 종로에서 만민공동회 개최.

1899년(24세): 마곡사를 떠나 고향 해주로 돌아옴.
▶6월, 신임 일본 공사 하야시 부임.

1902년(27세): 기독교를 믿기로 결심.
▶3월, 서울~인천 간 전화 개통.

1903년(28세): 장련 공립 보통 학교 교원이 됨.
▶최초로 황제용 자동차를 미국에서 구입.

1904년(29세): 12월, 최준례와 결혼.
▶2월, 러일전쟁 일어남. 한일의정서 체결.
11월, 경부철도 완공.

1905년(30세): 11월, 진남포 에버트 청년회 총무 자격으로 경성 상동교회에서 열린 전국 대회 참가. 12월, 신교육을 실시하기로 하고 고향에 돌아와 교육 사업에 정열을 쏟음.
▶11. 20, 장지연, 황성신문에 「시일야방성대곡」 발표.
11. 30, 민영환 자결.
12월, 손병희, 동학을 천도교로 이름을 바꿈.

1906년(31세): 장련에 광진 학교 세움. 종산의 서명 의숙 교사로 활동함. 첫딸 낳음.
▶12월, 최익현 단식 자살.

1907년(32세): 안악으로 이사함. 첫딸 죽음.
▶항일 비밀결사 신민회가 만들어짐. 이준·이상설, 고종 황제의 밀서를 갖고 헤이그 만국평화회의에 참석하러 출국함.
8월, 고종이 물러나고 순종 즉위.

1908년(33세): 황해도에서 해서 교육총회를 조직하고 학무총감을 맡음.
　▶3월, 장인환·전명운, 스티븐슨을 쏴 죽임. 9월, 안창호 대성 학교 세움.
　　12월, 동양척식회사 세워짐.

1909년(34세): 황해도 각 군을 순회하며 강연회를 열어 계몽 운동 실시. 10월, 안중근 의사의 이토 히로부미 저격 사건 때문에 체포되었으나, 한 달여 만에 불기소 처분됨. 12월, 재령 보강 학교 교장을 맡음.
　▶10. 26, 안중근 의사 하얼빈 역에서 이토 히로부미를 총으로 쏴 죽임.
　　2월, 일진회장 이용구가 한일합방을 정부에 건의함.

1910년(35세): 둘째 딸 화경 태어남. 11월, 신민회 회의를 열어 서울에 도독부를 설치하고 만주로 이민가 무관학교를 세울 것을 결정함.
　▶8. 29, 한일합방조약이 발표되고 조선 총독부가 설치됨.

1911년(36세): 1월, 일본 헌병에게 체포되어 경성 지방 재판소에서 징역 15년형을 살게 됨.
　▶1월, 경무 총감부, 황해도 일대의 민족주의자 대부분을 잡아들임.
　　9월, 조선총독부, 105인 사건과 신민회 사건을 조작.
　　10월, 중국에서 신해혁명이 시작됨.

1912년(37세): 9월, 일본 황제가 죽어 15년형이 7년으로 줄고 다시 일본 황후가 죽어 5년으로 줄어듦. 이름 구(龜)를 구(九)로 고치고 백범이란 호를 지음.
　▶7월, 일본 명치 천황이 죽어 대정 시대가 시작됨.

1915년(40세): 둘째 딸 화경 죽음. 가출옥하여 안신 학교로 감.
- ▶박은식 등이 모여 신한혁명당을 세움.

1916년(41세): 셋째 딸 은경 태어남.

1917년(42세): 2월, 말썽 많은 동산평 농장의 농감이 되어 소작인들을 계몽하고 학교를 세움. 셋째 딸 은경 죽음.
- ▶3월, 상해에서 조선사회당이 세워짐.
  11월, 러시아, 레닌의 소비에트 정권 세움.

1918년(43세): 11월, 아들 인 태어남.
- ▶이동휘 등, 러시아에서 한인사회당을 세움. 8월, 상해에서 신한청년당이 세워짐.
  11월, 독일과 연합국의 휴전 협정 조인으로 제1차 세계대전 종결.

1919년(44세): 3월 29일, 상해로 망명. 9월, 상해 임시 정부의 경무국장이 됨.
- ▶1월, 고종 황제가 세상을 떠남. 3월, 3·1 운동 일어남.
  4월, 상해에서 대한민국 임시 정부가 세워짐. 국내에서는 13도 대표들이 한성 임시 정부를 세움.

1920년(45세): 8월, 아내 최준례, 아들 인을 데리고 상해로 옴.
- ▶10월, 청산리 전투. 유관순, 옥중에서 죽음.

1922년(47세): 9월, 임시 정부 내무총장이 됨.
▶7월, 여운형 등, 상해에서 시사책진회를 만듦.

1923년(48세): 12월, 상해 교민단에서 의경대를 설치하여 백범이 고문이 됨.
▶9월, 관동대지진. 일본, 유언비어를 퍼뜨려 한국인을 학살함.

1924년(49세): 1월, 아내 최준례 죽음. 8월, 이동녕, 대통령 대리에 임명됨. 12월, 박은식, 임시 정부 국무총리에 선출됨.
▶1월, 중국 1차 국공합작. 3월, 신민부 만들어짐. 10월, 정의부 만들어짐.

1927년(52세): 임시 정부가 집단 지도 체제인 국무위원제가 되고 백범이 국무위원이 됨.
▶2월, 신간회 만들어짐. 10월, 모택동, 소비에트 건설.

1928년(53세): 3월, 『백범 일지』 상권을 쓰기 시작. 임시 정부의 독립 운동가들이 하나둘 떠나자 미주 교포들에게 편지 보내기 정책을 실시함.
▶6월, 중국의 북벌전쟁이 끝남. 10월, 장개석, 국민 정부의 주석이 됨.

1929년(54세): 5월, 1년 2개월 만에 『백범 일지』 상권을 다 씀. 상해 교민단 단장이 됨.
▶10월, 세계대공황 시작. 11월, 광주학생운동 일어남.

1931년(56세): 일본 요인 암살을 목적으로 한인 애국단을 세움. 이봉창 의거 계획을 세움.
▶5월, 신간회, 전국대회를 열어 해체하기로 함. 9월, 만주사변 일어남.

1932년(57세): 1월 8일, 이봉창 의사, 일황 히로히토에게 수류탄을 던졌으나 실패. 4월 29일, 윤봉길 의사, 상해 홍구 공원의 일황 생일 경축식장에 폭탄을 던져 여러 명을 죽임. 위 두 사건의 주모자가 김구임이 밝혀져 상해에서 탈출.

1933년(58세): 5월, 장개석을 만나 낙양 군관학교 한인 훈련반을 설치하기로 함.
▶3월, 일본, 국제연맹 탈퇴.

1937년(62세): 7월, 한국 국민당, 한국 독립당, 조선 혁명당, 한인 애국단 및 미주 5개 단체를 통합해 한국광복운동단체연합회를 세움.
▶7월, 중일전쟁 일어남.
  9월, 중국 국민당과 공산당이 2차 국공합작을 하기로 함.

1938년(63세): 5월, 이운환의 총에 맞아 의식 불명 상태로 한 달간 입원. 7월에 임시 정부를 광주로 옮김. 10월, 임시 정부를 유주로 옮김.
▶일본과 소련, 정전 협정을 맺음.

1939년(64세): 3월, 임시 정부를 사천성 기강으로 옮김.「동지·동포 제 군에게 고함」을 발표.
▶8월, 독·소 불가침조약을 맺음. 9월, 독일의 폴란드 침공으로 제2차 세계대 전 일어남.

1940년(65세): 5월, 한국독립당과 조선혁명당, 한국국민당을 합쳐 한국 독립당을 세우고 백범이 중앙집행위원장을 맡음. 9월, 임시 정부 를 중경으로 옮김. 10월, 임시 정부를 국무위원제로 운영하기로 하고 백범이 국무위원회 주석을 맡음.
▶9월, 일본·독일·이탈리아, 삼국동맹을 맺음.

1941년(66세): 6월, 임시 정부 주석의 자격으로 미국 대통령 루스벨트에 게 임시 정부를 인정하라는 편지를 보냄. 10월, 『백범 일지』 하권 을 쓰기 시작함. 12월, 임시 정부, 일본에 선전 포고함.
▶4월, 일·소 불가침조약을 맺음. 12월, 일본군의 진주만 공격으로 태평양 전 쟁이 시작됨.

1942년(67세): 3월, 임시 정부,「3·1절 선언」을 발표하여 중·미·영·소 에게 임시 정부를 인정하라고 요구. 7월 광복군, 중국 각지에서 연합군과 공동 작전을 시작함.
▶1월, 일본 수상, 대동아 공영권을 이루겠다고 발표함.

1943년(68세): 3월, 임시 정부, 중경에서 3·1 운동 24주년 기념식을 가짐.
▶9월, 이탈리아, 연합군에 항복. 11월, 카이로 회담과 테헤란 회담이 진행됨.

1945년(70세): 8월 15일, 조선 독립. 미국의 반대로 임시 정부의 자격을 얻지 못함. 모스크바 3상회의에 반대하여 신탁통치반대 총동원위원회를 세움.

1946년(71세): 2월, 비상국민회의를 소집하고 남조선국민대표 민주의원 총리를 맡음.
▶6월, 이승만이 남한 단독 정부를 수립하겠다고 함.

1947년(72세): 반탁독립투쟁위원회를 세우고 반탁 운동을 함.
▶7월, 여운형, 피살됨. 9월, 한국 문제가 UN으로 넘어감.

1948년(73세): 4월, 북한에 가 남북 연석 회의에 참석, 공동성명서 발표. 5월, 평양에서 서울로 돌아옴. 7월, 북한의 단독 정부도 반대함. 11월, 미군과 소련군이 한국에서 물러나면 통일 정부를 세울 수 있을 것이라는 담화 발표.
▶1월, UN 한국 임시위원단이 한국에 들어옴. 4월, 제주도 4·3 항쟁 일어남. 5월, 5·10 총선거가 열려 제헌국회가 세워짐. 7월, 국호를 대한민국으로 정하고 이승만이 대통령을, 이시영이 부통령을 맡기로 함. 8월, 대한민국 정부가 세워짐. 10월, 여순반란 사건.

1949년(74세): 1월, 서울에서 조국의 통일을 위한 남북 협상을 하기를 희망한다고 밝힘. 6월 26일, 육군 소위 안두희의 총에 맞아 돌아가심. 7월 5일, 국민장으로 장례식이 치러지고 효창공원에 묻힘.

1962년(서거 13주년): 3월 1일, 대한민국 건국 공로훈장을 받음.

1969년(서거 20주년): 남산에 동상이 세워짐.

조국과 민족을 위해 일생을 바치신 백범 김구 선생님.

대한민국 임시 정부의 지사들과 함께. 둘째줄 왼쪽 끝이 김구 선생님.

1945년 11월 3일 광복을 맞아 돌아오는 대한민국 임시 정부.

1948년 38선에 서서
조국 통일을 기원하는
김구 선생님.

김구 선생님이 안두희의 총에 맞아 돌아가신 후 국민장으로 치른 장례식 행렬.